大国崛起
的新政治经济学

聂永有 殷 凤 等著

四川人民出版社

图书在版编目（CIP）数据

大国崛起的新政治经济学/聂永有等著. —成都：
四川人民出版社，2016.9
ISBN 978-7-220-09897-0

Ⅰ. ①大… Ⅱ. ①聂… Ⅲ. ①中国经济-经济发展-研究 Ⅳ. ①F124

中国版本图书馆CIP数据核字（2016）第187347号

DA GUO JUE QI DE XIN ZHENG ZHI JING JI XUE
大国崛起的新政治经济学
聂永有　殷　凤　等著

责任编辑	何朝霞
封面设计	仙　境
版式设计	戴雨虹
责任校对	蓝　海
责任印制	王　俊

出版发行	四川人民出版社（成都槐树街2号）
网　　址	http://www.scpph.com
E-mail	scrmcbs@sina.com
新浪微博	@四川人民出版社
微信公众号	四川人民出版社
发行部业务电话	（028）86259624　86259453
防盗版举报电话	（028）86259624
照　　排	四川胜翔数码印务设计有限公司
印　　刷	四川华龙印务有限公司
成品尺寸	160mm×230mm
印　　张	17
字　　数	160千
版　　次	2016年9月第1版
印　　次	2016年9月第1次印刷
书　　号	ISBN 978-7-220-09897-0
定　　价	46.00元

■版权所有·侵权必究
本书若出现印装质量问题，请与我社发行部联系调换
电话：（028）86259453

序 如何实现中国的强国之梦？

所谓大国，有多层含义。可以是拥有辽阔领土之国，可以是经济实力雄厚之国，也可以是军事力量强悍之国，还可以是政治影响力强大之国，等等。

无论用什么指标去衡量，中国都是名副其实的大国。

然而，若要问起目前的中国是不是已经成为世界强国了，恐怕我们的回答就没有那样毋庸置疑了。顾骏教授在《大国方略》中指出："中国具有相当的经济实力，但数量胜过质量；中国具有强大的军事实力，但离世界强国还有距离；中国具有国际影响力，但仍然较为有限。"这或许是对目前中国现状的较为准确的描述。

中国的大国崛起之路，就是从大国走向强国之路。如何实现中国的强国梦？这是我们这一代人的历史使命。

中共十八届五中全会，提出了"创新、协调、绿色、开放、共享"五大发展理念，为中国的崛起之路指明了方向。

创新。创新是引领大国崛起的第一驱动力，大国之争在根本上是创新竞争力之争。在中国经济"新常态下",创新是助力供给侧结构性改革的重要动力。在未来的创新制高点竞争中,中国提供了通过"新型雁行模式"实现赶超的机会。创新是国家经济发展的基石,创新能力是经济社会发展至关重要的动力。21世纪以来,世界各国尤其是发达国家纷纷把推动科技创新作为国家战略,我国也明确提出了到2020年进入创新型国家行列的发展战略。

协调。改革开放以来,中国经济持续快速成长,使得经济总量已经超过了日本,成为世界第二大经济体。然而,近年来,随着经济增速的放缓,产业面临转型。如何统筹协调全社会资源,发现新的比较优势,对传统过剩产能加以淘汰或升级,并扶持符合现代经济特征的新兴产业的发展,将经济发展的目标从量的增加转变为质的提升,成为当前中国跨越"中等收入陷阱"、跻身高收入国家行列的必由之路。为成功实现产业升级,我们需要协调和完善传统产业和新兴产业之间的关系,充分认识到现有产业结构存在的不足,积极开拓新的产业投资点,辅之以有所为有所不为的功能型产业政策,实现我国产业结构成功迈向高端化。

绿色。"绿色经济"是未来全球经济转型和发展的方向。在中国经历了30多年经济飞速增长之后,人们面对的是这种

序

增长模式必然存在的极限。资源和环境对经济增长的约束不单是自然界和人类经济社会的作用关系,更与经济制度、政治制度和社会发展理念等人类社会内部的因素息息相关。中国对于现今面临的"增长的极限"问题,并不仅仅是节约使用资源或者保护环境这么简单,其背后所反映出来的是政府在治理理念、法律制度建设、经济制度改革中所要作出的转变。这一转变的方向和方式将影响到中国是否能够借着"第四次绿色工业革命"的浪潮,把握历史机遇,突破增长的极限,进入一个新的可持续发展的轨道。

开放。在世界近现代史中,大国的兴衰成败,为我们留下了各具特色的发展道路和经验教训。历史证明:开放则兴,闭锁则衰。当前中国正走在中华民族伟大复兴的道路上,这一进程关乎中国未来的发展方向,同时也深刻地影响着世界格局。今日中国所面临的发展矛盾和崛起难度不容低估。我们应该实施何种战略,重新走向世界的中心,走出自主开放的大国崛起之路,形成中国特色的科学发展模式?未来中国须从全方位对外开放走向"相互开放与融合",从融入型开放进入到影响型开放,从经济崛起转向文明崛起,以主动开放赢得长期发展空间,从主要向发达国家开放转向主动拓展对发展中国家的开放,从融入国际秩序到主动建构新秩序,用"一带一路"、亚投行等开放战略来赢得更安全、更有利的国际环境,积极拓展多双边经贸关系,构建衔接紧密、优势互补的产业链、价值链,实现与更多国家和地区的互利合作与利益共享。

共享。在经济发展过程中,经济总量的增加并不一定代表人民福祉的改善,我们必须清醒地看到,改革开放30多年来,中国在获得经济快速增长的同时,也遇到经济增长带来的一些问题,如收入不平等加剧、环境污染问题、腐败问题严重等。这些问题如果不能得到很好的解决,中国经济增长的成果将会大打折扣,经济增长的前景将不甚乐观。中共十八届五中全会提出的"共享"发展理念为中国未来的经济增长提供了一个可持续发展方向。根据"共享"理念,经济发展应当服务于全体民众,其成果应在最大程度上为全体民众所共享,从而从真正意义上实现经济福祉的最大化。

因此,中国的大国崛起之路该如何走、这是我们需要认真思考的重大问题,也是本书所要探讨的核心问题。

本书的出版,是上海大学经济学院、上海大学智库产业研究中心一批专业教师在探索如何实现中国梦的过程中的一项阶段性成果。需要特别指出的是:尽管本书的书名中用了"新政治经济学"一词,但这并不是一本系统的纯学术著作。本书的作者试图围绕赶超与引领:大国崛起之路如何走、供给与需求

序

哪一侧决定增长、用什么配置资源、什么是引领未来的第一驱动力、如何提升我国的产业能级、怎样实现绿色经济转型、中国如何走向世界、民众如何共享崛起成果等八个问题展开研究，从制度和历史的视角，借鉴政治经济学与现代西方经济学的理论和方法，用通俗的语言来分析中国的政治与经济、国家与市场、社会与个人之间的关系，阐述转型升级、政策选择、资源环境以及开放战略等问题，力图寻求合乎逻辑和中国实际的大国崛起之路。

上海大学党委副书记、副校长、
上海大学智库产业研究中心主任

徐旭教授

001　第一章　追赶与引领：大国崛起之路如何走？

> 中国的大国崛起之路，就是从大国走向强国之路。如何实现中国的强国梦？这是我们这一代人的历史使命。中共十八届五中全会提出了"创新、协调、绿色、开放、共享"五大理念，为我们未来发展指明了方向。

历史上大国是如何崛起的？ / 004

中国如何实现从追赶到引领？ / 012

027　第二章　供给与需求：哪一侧决定增长？

> 本章着重分析，在什么情况下需求侧可能决定经济增长，何种条件下，经济增长取决于供给侧。在此基础上，我们可以更深入理解实施供给侧结构性改革的必要性和意义，以及如何推进双侧改革，实现供需再平衡。

供给决定增长？ / 033

需求能决定经济增长吗？ / 039

为什么短期中经济增长由三驾马车决定？ / 043

为什么要实施供给侧结构改革？ / 046

供给侧结构改革是走"供给学派"的老路吗？ / 052

057 第三章 市场与政府：用什么配置资源？

> 经济社会实现资源的合理配置，是应该依赖政府还是市场呢？中国的大国崛起之路是依赖政府控制资源实现的吗？为什么我国需要由市场决定资源配置？由市场在资源配置中起决定性作用是否意味着完全排斥政府的作用？本章将逐一解读上述问题。

经济社会如何配置资源？／060

大国崛起意味着政府更多地干预和控制经济吗？／063

为什么要由市场决定资源配置？／068

为什么要更好地发挥政府作用？／074

如何更好地发挥政府作用？／079

083 第四章 创新与发展：什么是引领未来的第一驱动力？

> 创新是经济发展的重要要素。中共十八届五中全会提出"创新、协调、绿色、开放、共享"五大发展理念，"创新"居首位。我们认为，"创新"是"让生活更美好"的一点一滴，在"大众创业、万众创新"背景下，每个人都可能成为创新的主角。

创新是什么？／086

大国崛起，有着怎样的创新足迹？／091

大国创新之路有哪些共同规律？／100

创新需要怎样的生态环境？／103

今天谁是创新的主体？／105

创新如何助力供给侧结构性改革？／107

创新之争，未来路在何方？／110

创新路上新兴国家能否领跑？／114

117　第五章　转型与升级：如何提升我国的产业能级？

> 近年中国经济在经历持续快速增长后增速放缓，产业面临转型升级。为成功实现产业升级，我们需要协调和完善传统产业和新兴产业之间的关系，充分认识到现有产业结构存在的不足，积极开拓新的产业投资点，辅之以有所为有所不为的功能型产业政策，实现我国产业结构成功迈向高端化。

后进国家应当选择怎样的赶超战略？／120

中国产业发展有怎样的特征？／126

中国产业发展和结构中存在哪些问题？／130

产业转型与升级的路在何方？／136

如何发挥产业政策在中国产业转型升级中的作用？／144

149 第六章 资源与环境：怎样实现绿色经济转型？

> "绿色经济"是未来全球经济转型和发展的方向。怎样实现经济的"绿色"发展并不仅仅是节约使用资源或者保护环境，而是需要政府在治理理念、法律制度建设、经济制度改革中作出相应的转变。这一转变的方向和方式将影响到中国是否能够借着"第四次绿色工业革命"的浪潮，突破增长的极限，进入一个新的可持续发展的轨道。

什么是增长的极限？／153

中国正在面临怎样的挑战？／159

中国式的市场失灵是如何产生的？／167

如何跨越增长的极限，实现绿色经济的转型？／174

181 第七章 开放与共赢：中国如何走向世界？

> 今日中国所面临的发展矛盾和崛起难度不容低估。我们应该从全方位对外开放走向"相互开放与融合"，从融入型开放进入到影响型开放，从经济崛起转向文明崛起，以主动开放赢得长期发展空间，从主要向发达国家开放转向主动拓展对发展中国家的开放，从融入国际秩序到主动建构新秩序。

开放是大国崛起之路吗？／186

中国对外开放面临怎样的契机与挑战？ / 198

怎样通过进一步开放实现中华民族的伟大复兴？ / 206

213 第八章 增长与福祉：民众如何共享崛起成果？

> 在经济发展过程中，经济总量的增加并不一定代表人民福祉的改善，我们必须清醒地看到，改革开放30多年来，中国在获得经济快速增长的同时，也带来一些问题。根据"共享"理念，经济发展应当服务于全体民众，其成果应在最大程度上为全体民众所共享，从而实现经济福祉的最大化。

如何定义和度量经济增长？ / 216

如何看待"经济奇迹"背后的问题？ / 218

GDP是对经济增长的完美度量吗？ / 228

经济增长一定带来福祉吗？ / 232

如何在发展观念上协调增长与福祉？ / 237

如何实现增长与福祉并重？ / 241

246 后　记

248 主要参考文献

第一章

追赶与引领：大国崛起之路如何走？

大国崛起是一个永恒的话题。从公元 1500 年前后的地理大发现开始，一些主要国家就开始了相互间的竞争，从而拉开了大国崛起的序幕。不同国家在不同时代相继创造着自己的辉煌，成为傲视群雄的大国和强国。曾经创造过灿烂文明的中国，却在西方列强的枪炮之下，经历了百年的屈辱，直到新中国成立，中国人民才重新站了起来。改革开放使中国用 30 多年的时间走完了发达国家几百年的发展历程，目前的中国正处在从大国走向强国的历史进程中。全球都拭目以待这条东方巨龙的作为。

正如唐太宗李世民所言："以史为鉴，可以知兴替。"中国从来都不缺乏大国心态，无论是面对从地理大发现伊始的西方国家的崛起，还是重翻1840年鸦片战争到1949年新中国成立前的屈辱历史，这个伟大的国家都选择了以广阔的胸襟和开放的心态去看待与直面这段历史与现实。

随着中国的飞速发展，世界各国在感叹东方大国再次崛起的同时，更加明白一个真理：真正的强国不仅勇于面对本国的不足，吸取经验与教训，还更应该看清世界格局以谋求共同的发展道路。大国的衡量标准是集经济、军事、国力等为一体的综合体现，而强国之道则更加注重其在国际中解决世界性难题，引领世界共生共赢的智慧与魄力。

现今的中国在几代人的努力下，已然成为世界广泛认可的大国，担负的世界责任也越来越重。中国正在用独有的"中国力量"为世界提供动力源和发展机遇。在复兴中华民族、引领世界前行的强国道路上，展现在中国前方的是不可预期的重重挑战与机遇。那么，中国到底在西方国家崛起的历史中看到了什么？面对半封建半殖民时期的种种屈辱，中国人是怎样重新站起来的？面对未来，中国应如何从一个大国成长为一个真正的强国？

历史上大国是如何崛起的？

中央电视台原台长赵化勇在 2006 年中央电视台经济频道播出的 12 集电视纪录片《大国崛起》的序中曾说："今天的世界，是一个既充满希望，又遍布危机的世界。"我们必须认识到，世界是一个合作与竞争并存、进步与落后共生的大舞台，各个国家都在这个舞台上扮演各自的角色，而大国仍是拥有举足轻重的力量，不断左右世界剧情发展的主导者。

在历史长河中，大国更替从未中断。500 年来，在这个充满希望而又遍布危机的发展舞台上，相继出现了 9 个世界性大国，包括早前的葡萄牙、西班牙、荷兰、英国、法国和后来居上的德国、日本、俄罗斯与美国。那么这些大国是如何崛起的？它们在不同的时代里是怎样创造自己的辉煌的？又是什么原因使它们兴衰交替？

在许多历史学家看来，真正意义上的世界历史是从公元 1500 年前后开始的，在这之后，相互割裂的世界才慢慢开始连接起来，而这个历史大幕是由地处伊比利亚半岛的两个国

第一章

家——葡萄牙和西班牙共同开创的,它们就是16世纪上半叶的第一代世界性大国。这两个大国崛起的关键途径是争抢海洋的权利,由于它们的抢夺,造就了近代殖民主义狂潮的开端。意大利人哥伦布首航发现新大陆美洲,促使了两国争夺海洋权的觉醒,这个地理大发现在当时产生了巨大的国际反响,使葡萄牙和西班牙两个国家都更加意识到并确信必须掌握新发现地区的独占权。1494年6月7日,葡萄牙和西班牙在西班牙卡斯蒂利亚的托尔德西里亚斯签署了被称为"第一个瓜分世界"的条约《托尔德西里亚斯条约》,两国的海洋远征考察活动范围以东西分界线相分。可以说,这个条约不仅是大国瓜分殖民地的先例,更是西方世界进行全球扩张的开始。

正是对海洋不断的探索,使西班牙和葡萄牙这两个地处欧洲最西端的小国成长为世界性大国。葡萄牙是12世纪从西班牙独立出来的,应该说是背着世界商业中心的压力走向大海。葡萄牙崛起主要有两个阶段:首先是葡萄牙恩里克王子穷其一生的时间与财力进行航海事业,他开办了航海学校、建立了天文台、图书馆、港口和船厂。他从葡萄牙周边的马德拉群岛和亚速尔群岛开始,跨越了"黑暗的绿海",在1444年开始了非洲探险,并进行岛屿分封与奴隶贸易,使被葡萄牙画进地图的非洲西海岸达到4000公里。其次是对远东的探索,1487年8

月若昂二世命令迪亚士率队起航去远东,最终发现了好望角,开启了香料的贸易道路。而此时的西班牙光复国土战争还未结束,直到1491年年底西班牙攻克了格拉纳达,终结了持续800年的光复运动。在西班牙统一之后,伊莎贝尔女王决定同意哥伦布伟大的西航计划,欧洲人在西半球看到了第一片陆地圣萨尔瓦多岛,也开始了海洋探索之路。

两国在签署《托尔德西里亚斯条约》之后,分别继续向东向西的海洋探索,开拓了西欧到印度这条通往东方的新航线。海外贸易和殖民地的垄断使财富源源不断流入两国,葡萄牙与西班牙率先成为世界性大国。然而非常不幸,葡萄牙与西班牙的大国之路并不长久,海外事业的过度扩张不但没有得到应有的经济实力与动力作为坚实后盾,一些王公贵族还因为害怕工商业的发展带来新力量的崛起,使得两国工业停滞不前,最终没落,拱手让出打下的江山。

如果说西班牙与葡萄牙的航海事业拉开了连接世界的序幕,那么英国就是世界科技力爆发的发源地。不同于西班牙与葡萄牙不重视工业技术,英国最终是靠工业革命成就"日不落帝国"称号的。在成为大国之前,英国是一个在地球边缘的、一度游离在欧洲主流文化之外的小国。这样一个小国是如何从一个15世纪不被重视的岛国发展为在19—20世纪的庞大帝

第一章

国？应该说,夺取海上霸权与完成工业革命是英国崛起的关键道路。英国的崛起之路可以分为两个重要的阶段:一是相继与西班牙、荷兰与法国通过战争与条约夺取海上霸主的地位,二是工业革命的爆发促进了英国生产力的空前发展,成就了英国世界工业霸权地位。

由于特殊的地缘条件和伴随地理大发现而来的海上贸易与拓殖,决定了英国的崛起也将由海洋战略开篇。英国获得海洋霸权的序幕要从1588年英西海战说起,西班牙由于海上霸权地位受到威胁,派遣"无敌舰队"进攻英国,然而西班牙并未取得此次战争的胜利,从此"海洋霸权衰落"。英国因未参与西班牙与法国争夺欧陆霸权的战争因而储蓄了实力。到了17世纪,英国为了保护本国海外贸易利益,于1651年通过了《航海条约》,该条约指向当时已成为商业霸主的荷兰,使其受到沉重有力的打击,直接导致两国从1652年到1674年的三次战争,最终英国夺取了海上优势地位。这期间,英国在1688年通过"光荣革命"确定了君主立宪制。而此时法国签订推进欧陆霸权的《奈梅根和约》,激起了长达9年的奥格斯堡同盟战争,战后的《里斯维克和约》阐明了英国舰队相对于法国具有海上优势。英法两国的矛盾终以西班牙王位继承战争收场,英国在战争中的优势进一步增加,并通过不断海外殖民成为

"海上霸权国家"。这个阶段为其日后崛起打下了坚实的物质基础。

英国并没有重蹈西班牙与葡萄牙工商业失败的覆辙，18世纪60年代爆发的工业革命最终成就了这个"日不落"帝国。这场以蒸汽机的发明为标志的革命给英国带来了巨大的机遇，其影响接连波及其他生产部门。进入到19世纪中，英国凭借工业革命成为"世界工厂"，经济力量和综合实力都达到了前所未有的发达水平，称其为"全球性霸主"也不为过。"它的工业生产能力比全世界的总和还要大，它的对外贸易额超过了世界上其他的任何一个国家。"与此同时，工业革命不仅在英国的各个部门蔓延，新技术也传播到了其他国家，对世界产生了翻天覆地的影响。

英国是"工业革命的宠儿"，但仍未能逃脱日后丧失大国地位的境地。第一次工业革命通过海上传播有了很大的溢出效应，美国与德国的实力在这期间不断储备与增强。随着19世纪70年代第二次工业革命，英国的相对实力受到了削弱，加上与法国7年战争使英国财政入不敷出，最终因第一次世界大战的爆发而结束了"不列颠治下的和平"，权利中心开始向北美洲转移。

英国的衰落与战争、殖民地反抗有关，而美国就是在这个

第一章

乱世中打出一片天下的代表。美国在1775年前还只是英国在北美的13个殖民地，而驻扎在殖民地的英国军队与马萨诸塞州莱克星顿镇的民兵发生的冲突最终升级为预示开展变动世界格局的美国独立战争。1776年7月4日，13个英属殖民地联合签署了《独立宣言》，在之后经过长达8年之久的战争，英国最终宣告失败。这只是美国开始走上世界舞台的一个开端，第一次世界大战和第二次世界大战是其超过英国成为世界大国的原因，而其不断完善的制度体系与储蓄强大的经济与军事力量令其坐稳了超级大国的位置。

早在第一次世界大战之前，美国就已经成为世界第一经济强国，这得益于联邦政府从欧洲搬来的金融和财政体系及美国经济逐渐成熟的制度体系。美国早在1791年就建立了全国性银行，证券市场、交易所和股份公司相继出现，并筹资修建了各类基础设施。与此同时，美国成为移民重地，60余年增加了2700多万人口，带来大量欧洲推动工业化的科学与技术，使这个才发展了100余年的国家实现了跨越式的发展，超越了欧洲强国。1929年，美国虽然爆发了经济危机，但罗斯福新政有效地使美国经济走向好转，保住了经济强国的地位。

美国真正成为"乱世英雄"，是第一次世界大战与第二次世界大战的爆发给它带来了机遇。在两次战争中，美国无疑都采取了不主动与强国直接正面对抗的战略。第一次世界大战中，美国大量出口给欧洲军火和钢铁，这不仅使其成为欧洲的最大债权国，拥有了世界40%的财富，更是活跃了美国的工业生产与技术。在第一次世界大战中，美国与法国、英国等都是战胜国，但英国由于在战争中付出了巨大的代价，实力有所下降，而美国却从中攫取了大量的财富，抓住了工业技术发展的机会。在之后的第二次世界大战中，美国最初仍然没有加入到战争中，之后被迫加入到反法西斯阵营，其强大的经济与军事力量使其对反法西斯战争胜利发挥了举足轻重的作用。第二次世界大战使美国获得了世界的领导地位，随着苏联在1991年12月解体，美国最终在20世纪后期成为唯一的超级大国。

美国成为超级大国的过程可以说是一部"乱世英雄史"，其不主动、不直接挑战欧洲强国霸权的战略和抓住战争的机遇提升自己经济与军事的力量，到最终拥有世界领导地位，意味着通过经济实力的提升是成为强国的必由之路。直至今日，美国仍然在世界上具有举足轻重的引领地位。

从大国崛起的时间长轴上，我们可以看到有三个重要的历史机遇，这也是大国兴衰的重要原因：首先是在公元1500年前后葡萄牙与西班牙对海洋探索的觉醒与探索行动开启了世界连接的大门，两国以瓜分海洋权为契机迅速扩张发展；其次是

第一章

贸易之路的开启使其他国家的工商业迅速发展，海洋权的二度争霸带给了荷兰、法国与英国重要发展机遇，而第一次工业革命的爆发终使英国崛起；最后是以美国为代表，诸如德国、日本与俄罗斯在一战与二战期间发展内部经济与军事力量成就了一代大国。大国兴衰更替的故事是全人类文明发展的成果，中国以怎样的胸怀与态度看待这些在近代史上相继崛起的大国？中国又是怎样追赶大国的脚步与开拓强国之路呢？

中国如何实现从追赶到引领？

古代中国曾是世界最有影响力的国家，其他先后崛起的大国无一不对繁盛的中国怀着憧憬与向往之情。在鸦片战争之前，中国取得了辉煌的文明成就，数千年走在世界前列，相继出现了西汉文景之治、唐朝贞观之治等历史上鲜有的政治、经济、文化繁荣的时期。可以说，中国的经济实力直到19世纪中期都是排在世界首位，并有着频繁的中外经济交往。

纵观世界历史，古代中国堪称是少数几个始终领先的国家之一，无论是经济、文化还是政治，中国都是举足轻重的角色。秦国的统一开启了中外大规模交流的序幕，推动了商品经济的发展。尽管秦朝确立的是"重农抑商"的基本国策，但其统一货币与度量衡、修驰道与拆关塞，使得地区间的物产交流畅通。至汉朝，中国的对外贸易与交流得到了更深的发展。张骞二度出使西域，开拓了我国古代与外国交流的主要通道"丝绸之路"，并在西域设立都护府与亭栈，满足了频繁的中西交通和经济文化交流的需要；汉武帝时期的"盐铁会议"，决定

第一章

将制盐与制铁变为国有，是历史上最早的宏观经济调控政策。唐宋盛朝，中国不仅在经济上飞速发展，器物、制度与思想等各个领域都领先于其他国家。比如，盛唐确立的科举制度被其他国家纷纷仿效，被认为是中国对世界政治的最大贡献；宋元时期，技术发明诸如印刷术、火药、指南针等促进了资本主义萌芽、世界文化普及与军事的发展；发达的海外贸易造就了闻名世界的商业中心，当时宋朝的工商业在国家财政收入比重中超过了农业，这是极为少见的。明清时期，中国开始奉行"闭关锁国"政策，但国内经济仍然取得长足发展，迎来了康乾盛世，坐稳四方经济雄主的宝座。

古代中国在世界舞台上盛世绽放长达数千年之久，而清代中期的中国却因封建与君权日益衰落。清朝中期之后的中国由于闭关自守政策而孤立于世，以家族宗法制为核心的社会结构使得昔日强国沦落到国弱民穷、哀鸿遍野的境地，自绝于世界先进潮流的中国被落后与屈辱吞噬。1840年爆发的鸦片战争最终击碎了"天朝大国"的迷梦，《南京条约》等不平等条约的签订使中国被列强强行瓜分。毛泽东曾说："自从一八四〇年鸦片战争以后，中国一步一步地变成了一个半殖民地半封建的社会。"中国的领土与主权遭到了破坏，帝国主义不但操纵了中国的财政和经济命脉，还控制了中国的政治与军事，严然成为统治中国的"太上皇"。

这场"三千年未有之大变局"并没有吞噬掉仁人志士的爱国心,中国人民对外来侵略者进行了英勇的反抗,爱国人士致力于光复中华,地主阶级、农民阶级、民族资产阶级与工人阶级前仆后继,不断反抗与牺牲的救亡图存活动才换来中国的追赶机遇。在这个过程中,尽管大多数的反抗以失败告终,但新中国成立前的100多年来英雄们不停奋斗、不怕牺牲的精神才使复兴中华的使命没有在列强的残暴轰炸下毁灭。

地主阶级的自救与寻求变法之道。在近代变局之中,面对日益深化的民族与社会危机,地主阶级中的一部分成员开始总结中国衰退的教训,寻求变法之道,先后发起了洋务运动、清末新政。鸦片战争击破了中国人的"天朝迷梦",促使地主中的积极改革派开始"睁眼看世界"。林则徐作为地主阶级改革派的代表,堪称近代中国开眼看世界的第一人,他组织翻译西方人的《地理大全》《夷情备采》,编成《四洲志》《海国图志》,以"借法自强""师夷长技以制夷"等观念在中国社会封闭的硬壳上凿开一个缺口。以曾国藩、左宗棠、李鸿章和张之洞为首的洋务派开创了"经世致用"的思想,主张引进"西技",倡导"西学",涉及军事、经济与教育等方面。1901年开始的十年"清末新政"包括振兴实业、整顿军队、新式教育

第一章

与地方自治，试图挽救自身的统治。但由于这些运动仍未能脱离封建性，皆以失败告终，但他们为中华复兴谱写了开篇。

农民阶级的自发斗争与反抗。农民阶级进行的艰苦抗争，不仅打击了本国的封建统治者，也在一定程度上削弱了列强的力量。鸦片战争爆发后，广州人民自发进行了武装抗英斗争，即三元里人民抗英，这是近代中国人民第一次大规模的反侵略斗争。以洪秀全为首的太平天国起义作为历史上农民起义的一面旗帜，沉重打击了清朝的封建势力和外国资本主义势力，俄国作家冈察洛夫曾这样评价："太平天国运动对新加坡、印度、英国和美国来说，好像是地震似的打击。"义和团的"扶清灭洋"作为反洋教斗争的典型，破坏京津铁路、洋货，攻打外国大使馆。这些农民起义付出了成千上万人死伤的代价，打击了西方列强与清朝的封建势力，虽然以失败告终，但农民阶级在这个阶段展示了其强大的力量。

民族资产阶级的"实业救国"。在外国资本的直接刺激下，中国的资本主义已然产生，许多民族资本不断努力追求中国民族资产独立发展的进步与中国近代化的正确方向，是中国一次次进步的探索与基础的奠定。甲午战争的惨败使一些爱国的民族资本家和工商界人士发出了"实业救国"的呼声，举起了"变法""维新"的旗帜，形成了以康有为、梁启超、谭嗣同和严复为主要代表的维新派。维新派上书反对不平等条约,宣传维新变法思想,呼吁设立学堂与兴办报纸,此乃史上的"百日维新"。"百日维新"虽然没有从根本上改变封建专制,但新政的推行是中国历史上一次伟大的尝试。西方资本主义的思想文化使维新派在民族危难加深与群众自发斗争的推动下毅然决然站了出来,最终成为辛亥革命的中坚力量。毛泽东指出:"中国反帝反封建的资产阶级民主革命,正规地说起来,是从孙中山先生开始的。"以孙中山为领导的中国同盟会提出三民主义,并多次发动武装起义,终结了在中国延续两千多年的封建帝制。

工人阶级的成长与中国共产党的诞生。中国工人阶级作为资本主义机器大工业的产物,成为革命时代的领导力量。辛亥革命的失败让仁人志士不断思考,陈独秀说:"要巩固共和,非先将国民脑子里所有反对共和的旧思想,一一洗刷干净不可。"新文化运动提出了民主与科学两大口号,唤醒了一代青年。而第一次世界大战背景下爆发的俄国十月革命对中国产生了巨大而深远的影响,使共产主义成为一股有力的思想潮流。在这样的道路引领下,工人阶级与学生等新的社会力量得以成长与壮大,巴黎和会上中国外交的失败直接激起了群众反对帝国主义、封建主义的全国规模的革命斗争——"五四运动",

第一章

使得马克思主义在中国广泛传播。在各方的努力下,中国共产党第一次全国代表大会于 1921 年 7 月 23 日召开,实现社会主义与共产主义成为中国共产党的奋斗目标。

从鸦片战争到中国共产党诞生,这 80 多年里不同阶级的爱国人士都在不断为中华复兴而努力,推倒了中国数千年来的封建文化,但离真正的和平和民主仍有很大的距离,列强的势力还未被驱赶出中国土地。1937 年 7 月 7 日,日本帝国主义发动了卢沟桥事变(又称七七事变),从局部侵华成为全面侵华。而在亡国灭种的危机前,中国军队并没有畏惧,奋力抗战。在七七事变后,国共合作,形成抗日民族统一战线,从正面和敌后两个战场对日本侵略者发起反侵略斗争,最终取得了抗日战争的胜利,这标志着世界反法西斯战争胜利结束。这期间,数以万计的抗战英雄冲在前线,不顾牺牲,在全世界面前展示了中华民族的不屈不挠和伟大团结精神。

抗日战争胜利后,中国共产党领导人民又进行了三年半的解放战争并取得胜利,击垮了国民党反动派,拉开了中国崛起发展的帷幕。1949 年 10 月 1 日,开国大典上五星红旗冉冉升起,毛泽东庄严宣布:"中华人民共和国中央人民政府已于本日成立了。"新中国的成立,让孙中山先生在 19 世纪末提出的"振兴中华"有了实现的可能。从 1840 年鸦片战争爆发到 1949

年新中国成立,这部"反抗史"历经了足足100余年。新中国建立后,中国人民在中国共产党领导下开始了轰轰烈烈的社会主义建设。

但当时的中国是一个人口众多、经济文化十分落后的东方大国,如何建立社会主义,如何追赶上世界的脚步,是它面临的全新并充满挑战的课题。这个探索是艰难曲折的,在1949—1978年30年的追赶过程中,中国既有过重大成就,也遭受过严重挫折。这期间的失败与成功不断交织,推动复兴中华的伟大使命越来越接近成功。

在中国确立社会主义这一崭新的社会制度后的20世纪50年代中期,世界各主要资本主义国家和地区经济都有了较大发展。西方发达国家诸如英国、法国和联邦德国等很快完成了经济恢复,战后的科学技术进步促成了第三次工业革命,开拓了人类生产和生活的新领域。这些发展对正在积极进行大规模经济建设的中国来说是难得的历史机遇,中国也顺利完成了"三大改造",执行了第一个五年计划,为开拓社会主义建设新局面开了一个好头。

但随之而来甚嚣尘上的阶级斗争迷雾使历史发展深陷巨大波折,"大跃进"运动与"文化大革命"导致中国的飞跃迟滞了20余年。1958年的"大跃进"运动是探索中国自己的社会

第一章

主义建设道路的尝试，而在"左"的错误思想指导下偏离正确方向。"大跃进"运动期间，"人有多大胆，地有多大产"等唯心主义口号铺天盖地。错误的"左"倾发展使长达十年之久的"文化大革命"不可避免，"打倒一切"的全面内乱使中国陷入空前的混乱中。从1966年到1976年，"文化大革命"阻碍中国的前行步伐，直到"四人帮"的覆灭才结束了这场浩劫。

如果说阶级斗争阶段中国是在曲折中前行，那么从拨乱反正到改革开放的启动阶段中国则是在徘徊中前行。结束了"文化大革命"这场灾难之后，中国获得了有利的发展机遇，但十年浩劫留下的后遗症却让中国在1976年到1978年间徘徊不定。中共十一届三中全会对历史遗留的重大问题进行了纠正；彻底否定"两个凡是"的错误方针与"以阶级斗争为纲"的指导思想；把工作重点转移到社会主义经济建设上来作为改革开放的战略决策；恢复了党的民主集中制。随之开始的平反冤假错案与拨乱反正使中国的面貌大为改观，改革开放的脚步也随着农村改革的突破与对外开放迅速迈开。

自改革开放38年来，中国用十几年时间走完发达国家几百年走过的发展历程，使中国发生了翻天覆地的变化，从农村到城市，从经济建设到政治建设、文化建设、社会建设等方面都有了前所未有的进步。中国的经济实力和综合国力不断增强,人民的生活水平和国民福利都得到了实质性的提高。正如胡锦涛在十七大报告中指出:"事实雄辩地证明,改革开放是决定当代中国命运的关键抉择,是发展中国特色社会主义、实现中华民族伟大复兴的必由之路;只有社会主义才能救中国,只有改革开放才能发展中国、发展社会主义、发展马克思主义。"如今,中国已经登上了世界舞台的中央,成为世界第一人口大国、第一大货物贸易国、第二大经济体、第三大对外投资国……一股"中国力量"已震动世界。

中国伟大复兴的道路从未停止。早在2012年11月,习近平在国家博物馆参观《复兴之路》展览时发表讲话,指出实现中华民族伟大复兴就是近代以来最伟大的梦想。中国梦已经成为凝聚13亿中国人民团结奋进的强大精神动力,也是新时代中国外交的指明灯。可以看到,从鸦片战争打响开始,中国的仁人志士一直在为强国梦而努力奋战,各个阶层都是复兴中华的冲锋队,他们或是为了反帝反封建而壮烈牺牲,或是为了社会主义发展而不断变革,为中国努力追赶世界大国的脚步,向强国的梦想进发。那么,而今的中国面对历史、展望未来是怎样的心情?在全球化挑战日益严峻的今天,中国主张、中国智慧、中国担当是否能够为世界注入新的活力和带来更多的发展机遇?中国是否能够实现"天下大治,大国担当"的抱负?中

第一章

国应该以何种角色,走何种道路才能成为引领世界的强国?

美国前国务卿基辛格在《世界秩序》一书中说:"21世纪中国的崛起并非新生事物,而是历史的重现。无论按何种标准来看,中国都已恢复了它在世界上影响最为广泛的那几个世纪中的地位。"在全球化进程日益深入的今天,世界格局已经开始处于大发展、大变革、大调整的关键时期,中国的迅速崛起成为世界舞台上一道最为亮丽的风景。

无论是从人口、地域还是国力看,中国都已称得上一个名副其实的大国。截至2014年,中国人口超过了13.6亿,占世界总人口的18.84%,是世界第一人口大国;拥有960万平方公里的领土面积,仅次于俄罗斯和加拿大,居世界第三;综合国力上中国已跃居世界第二,国内生产总值(GDP)达10.38亿万美元,是美国的60.5%,是日本的2倍、德国的3倍。在媒体关于"当今世界哪个国家是全球性大国"的调查中,经过国际影响力、科技创新力、经济实力、文化认同度与军事实力等主要考察后,中国的得票率为90.17%,仅次于美国。这表明,中国作为全球性大国的身份已被普遍认可。

上海大学教授顾骏曾说:"西方发达国家筑成了发展之路,中国在追赶之路上从未停歇,而如今中国已经与发达国家走在一起,探求与挖掘新的前方道路是当下中国必须担负的使命!"

大国崛起的新政治经济学

中国的崛起被世界视为这个时代最重大的事件,这个占全世界人口约五分之一的国家实现复兴,使全球重心从西方转移到了东方。德国副总理施泰因曾说:"解决全球性问题不能没有中国。"新时代的中国要实现的是"天下大治,大国担当"的抱负,如何从大国走向强国,成为世界发展这场舞台剧的重要角色,是现今中国面临的重大课题。

中国从大国走向强国的道路有迹可循。现今的中国,从外交、经济、军事与软实力发展等方面都已经取得令人瞩目的成就。可以说,中国已坐上了一辆开往春天的列车,车速惊人但足够稳定、方向精准,驶出了从前的泥潭,驶过了布满荆棘的曲折道路,而前方是愈发宽敞与明亮的强国之路。

展现独具"中国力量"的外交政策。2015年以来,国家主席习近平多次走出国门,短短的时间里出访了亚、欧、美、非四大洲的诸多国家,在每个世界性问题上充分彰显了大国主张、大国智慧与大国担当:"一路一带"倡议为拉动世界经济增长提供了重要动力源;倡导构建人类命运共同体,建立以合作共赢为核心的新型国际关系;极力维护世界和平,承担大国责任,60年共向166个国家和国际组织提供了近4000亿元人民币援助,派遣援助人员达60多万;承诺中国永远不称霸,永远不搞扩张,永远不会把自身曾经经历过的悲惨遭遇强加给

第一章

其他民族。这让各国看到，世界正前所未有地需要"中国力量"。

作为全球经济版图中腾飞的巨龙，中国已然有了自己的王牌，这就是时速达 300 公里以上的高铁。早在 2014 年初的两会上，李克强总理曾这样说："中国的经济要升级，出口产品也要升级，我们不能总是卖鞋子、衣服、玩具。"他将中国高铁视为"黄金名片"，每次出访或接待外宾都当起高铁的"超级推销员"。而共同建设 21 世纪"海上丝绸之路"则为中国经济提供了在世界版图上延伸的机遇。《联合早报》文章称：中国"一路一带"的构想堪称人类历史上第二次地理大发现，它的最大历史意义在于它又将地球翻转了过来，令我们看到了已经沉睡了 500 年的欧亚大陆。其中作为代表的亚投行由习近平提出建立，从 2013 年的愿景提出到 2015 年迎来一大波创始国家申请，体现的是中国这条巨龙已经具备了主导全球事务的能力。正如习近平在 2015 年的 G20 峰会上所说："中国有信心、有能力保持经济中高速增长，继续为各国发展创造机遇。"

强军梦成为中国梦的有力支撑。2015 年 9 月 3 日，中国举行了抗战胜利 70 周年大阅兵，被西班牙《世界报》称为中国重申其"大国地位的一刻"。阅兵仪式有约 1.2 万名受阅官兵出场，84% 的中国国产新型主战装备首次亮相，31 位外国元首和19位政府高级代表以及10位国际和地区组织负责人出席阅兵式。这是中国甩掉"历史屈辱带来的受害者心态"的一场阅兵仪式，它向国际社会展示了中国强大的军事实力。中国的军事现代化进程让它不再是那个过去任外国势力欺辱的被动者，1840年鸦片战争及之后的生灵涂炭将不会重演。习近平在2015年的军事改革工作会议上说："深化国防和军队改革是实现中国梦、强军梦的时代要求，是强军兴军的必由之路，也是决定军队未来的关键一招。"中国在军事改革上的作为与效果表明，实现中华民族伟大复兴脚步从未停止，强军梦将会是中国踏上强国之路必不可少的坚实后盾。

"软实力"彰显中国智慧与魅力。中华文化的博大精深让全世界动容与震撼，但中国并未止步于几千年以来的文化积累，而是以中国智慧与中国魅力在国际上大放异彩。中国智慧在两位中国诺贝尔获奖得主上体现得淋漓尽致：莫言作为有史以来首位获得诺贝尔文学奖的中国籍作家，是中国文学走向世界的一个新起点，是中华软实力走向世界的鲜明标志；中国药学家屠呦呦获得诺贝尔生理学或医学奖宣示了中医药学的伟大，是中国古老文明在世界舞台上的重新绽放。而中国对于不同文化和文明都抱着开放和包容的态度是中国魅力的体现：提出建立一个人类命运共同体，推崇以合作为共赢为核心的新型

第一章

国际关系，是中华民族传统文化和新中国外交实践的厚积薄发；外交中不仅注重彰显中国风，也充分认同各个国家的文化成果，比如习近平谈反腐问题时巧用美国热播剧《纸牌屋》做比喻。中国的软实力正在不断提升，中国智慧与中国魅力有效提升了中国的国际形象，成为中国赢得国际舆论的有力支持。

中国在走向强国之路上已有很多重大成就，在许多国际事务中已然具备大国风范并成为主导者。清华大学国情研究中心主任胡鞍钢在《中国2020：一个新型超级大国》中说，2020年中国将成为成熟、负责任、有吸引力的超级大国。那么，中国到底以何种角色担当这强国重任？如何引领世界？答案非常明确，中国完全有能力并且值得被信任担当世界引领重任，中国主张、中国智慧、中国担当正在并将一直为世界各国共同发展注入更多活力，带来更多机遇。中国引领世界之路将不会脱离"世界和平""共同发展""增长动力"这些关键词。

"维护世界和平，担当大国责任"是中国有关全球治理的理念。2015年9月，习近平在联合国宣布，中国将设立为期10年总额10亿美元的联合国和平与发展基金；建立8000人规模的维和待命部队；今后5年向非盟提供总额1亿美元的无偿军事援助等等。中共十八大以来，习近平在多个外交场合指出应放弃"零和博弈"思维，崇尚和平，追求合作共赢的发展方式。追求霸权的扩张之路不是中国要走的强国之路，和平共处与共同发展才是长久之计。

"推进全球治理体制，承担天下大治之责"是中国引领世界的方式方法。2015年10月12日，中国首次明确公开提出全球治理理念。习近平指出："现在世界上的事情越来越需要各国共同商量着办，建立国际机制、遵守国际规则、追求国际正义成为多数国家的共识。经济全球化深入发展，把世界各国利益和命运更加紧密地联系在一起，形成了你中有我、我中有你的利益共同体。很多问题不再局限于一国内部，很多挑战也不再是一国之力所能应对，全球性挑战需要各国通力合作来应对。"中国的全球性大国地位在各代人的不断努力下被世界广泛认可，也已然成为解决全球性问题的中坚力量。

当今世界不同国家利益、不同宗教信仰、不同意识形态、不同社会制度有分歧甚至对立，但正是这些不同使生活在地球上的每一个人都有可能超越个人、国家、民族或者是制度、观念、信仰去拥抱一个更加辽阔的未来。而这个和平共处、有序竞争、共赢未来，让各国联手打造共生共赢"地球村"的是：中国，正在提起画笔为人类描绘美好未来的蓝图！

第二章 供给与需求：哪一侧决定增长？

微观和宏观层面的均衡价格与均衡产量（或总产出）形成时，（总）需求和（总）供给各起何等作用？其实，这犹如一把剪刀剪纸时，我们难以判断哪一个刀刃起决定作用。不过，经济增长，即总产出的变动，完全可能仅由总供给或总需求中的某一方决定。本章着重分析，在什么情况下需求侧可能决定经济增长，又在何种条件下，经济增长取决于供给侧。在此基础上，我们可以更深入地理解实施供给侧结构性改革的必要性和意义，以及如何推进双侧改革，实现供需再平衡。

据国家统计局公布的数据显示，2015年我国全年经济增长率为6.9%，这一增长速度究竟是由什么决定的呢？在政策层面，我们通常会看到这样的表述：如党的十七届五中全会提出要"坚持扩大内需，……加快形成消费、投资、出口协调拉动经济增长新局面。"又如在2015年11月10日召开的中央财经领导小组第十一次会议上，习主席强调要"着力加强供给侧结构性改革，着力提高供给体系质量和效率，增强经济持续增长动力"。那么，究竟是需求还是供给决定着一国的经济增长？回答这个问题之前，我们必须首先界定什么是需求和供给。需求和供给恐怕是最基本的经济常识，任何买过东西或卖过东西的人都多少有一点关于需求和供给的概念，尽管他们不一定使用这两个词。殊不知，当我们谈论哪一侧决定增长时，我们需要区分微观和宏观这两个层面的需求和供给。从微观经济学角度讲，需求是指个人需求，只涉及单个商品市场。某个消费者在任一给定价格下愿意并且能够购买的某种商品的数量，称为消费者对该商品的有效需求。例如，市场上苹果价格为10元1公斤，张三愿意并且能够每周购买5公斤苹果，这是有支付能力的需要，可以称为需求。再如，如果现在房价为5万每平方米,张三想要一栋160平方米的公寓,但无力购买,这种情况下就不能叫作需求,他就被排斥在这种大户型的商品房市场之外。微观层面的供给是指单个生产者在一定价格下愿意并且能够出售的某种商品的数量,在这里,对"愿意并且能够"的理解与前面的需求概念类似。微观经济学主要考察各个市场的需求和供给的相互作用如何决定各种商品和要素的价格,这就是价格理论。

宏观经济学以整个国民经济活动为研究对象,考察社会总体经济问题以及相应的经济变量的总量的决定和相互作用的关系,因此,宏观经济学角度的需求,也称总需求(而不是单个消费者的需求,也不是所有消费者对单个商品的需求),是指在一定时期内整个经济社会在任一给定价格总水平下对所有最终产品和服务的需求总量。总需求由消费需求、投资需求、各级政府部门的消费和投资需求以及国外对本国产品和服务的净需求构成。总需求衡量的是经济社会中各部门的总支出,即在各种可能的价格总水平上,各部门计划购买的最终产品和服务的数量。恰如微观层面,在其他条件不变时,某种商品价格上升,市场对该商品的需求量将会下降,在宏观层面,经济社会对商品和服务的总需求也会随价格总水平的上升而下降。总供给是经济社会在一定的价格总水平下愿意并且能够供给的所有

第二章

最终产品和服务的总量，也就是在一个给定时期内经济社会的所有厂商计划生产和出售的全部产品和服务的总和。

经济学中大量使用均衡概念来说明许多经济变量如何被决定。著名经济学家马歇尔在讨论微观层面的需求和供给时，采用局部均衡分析方法，即在假定各种条件（如技术、资源、收入、偏好和其他商品价格等）不变情况下，孤立讨论了某一市场中某种商品或服务的价格怎样被供给和需求这两种相反力量的作用所达到的均衡来决定。也就是说，在微观层面，供给和需求这两种力量的对比，影响和决定了单个商品市场上该商品的均衡价格以及与这一均衡价格相对应的均衡产销量。例如，在其他因素不变的情况下，消费者对苹果的需求和种植者对苹果的供给共同决定了市场上苹果的均衡交易价格和均衡交易数量。由此可见，微观的需求和供给只能影响和决定某个商品市场的价格和产量，不会直接影响和决定一国经济增长。

宏观层面的需求和供给虽然和微观的需求与供给一样，也描述的是一个价格与产量的关系，但这个价格不是某种单一商品的价格，而是经济社会中所有最终产品和服务的价格总水平，或者说是所有最终产品和服务的价格按照一定规则编制的一个价格指数；这个产量也不是单个市场的产销量，而是整个经济社会对所有最终产品和服务的供给和需求总量，它是对单个最终产品和服务市场的需求量和供给量的加总。因此，我们通常称宏观层面的需求和供给为总需求和总供给。总需求和总供给相互作用，决定了一个经济社会的均衡总产出或国民收入（从而该经济社会的就业水平）以及一般价格水平。宏观经济学以国民收入（就业量）的决定和变动为研究主线，因此也称为国民收入决定理论。由国民收入的决定可以引申出宏观经济学的一系列目标，如促进经济增长、充分就业、稳定物价等。显然，总需求和总供给才是影响和决定一国总产出，或者说经济增长的关键因素。

> 第二章

供给决定增长？

到现在为止，我们知道，微观层面的需求和供给决定的是某种商品的价格。那么，商品价格究竟是由需求还是由供给决定的呢？起初，经济学家们认为商品交易价格是由供给决定的，接着，到了19世纪60年代，一些经济学家认为，商品价格是由需求决定的，最后，在1890年，马歇尔出版的《经济学原理》为这场争论一锤定音：争论是供给还是需求决定商品的市场价格，就好像在争论到底是剪刀的上刀刃还是下刀刃剪开了纸一样。所以，经济学界现在达成了一个共识：市场价格是由需求和供给共同决定的，任何一方不可能单独决定价格。

也像剪刀剪纸片一样，均衡国民收入（和均衡的价格总水平）须由总供给和总需求共同决定。但经济增长问题，也即国民收入（就业量）的变动，完全可能仅由总供给或总需求中的某一方决定。究竟哪一方起决定作用，取决于我们对总需求曲线和总供给曲线的位置和效率作出何种假定。

总供给—总需求模型是研究国民收入和一般价格水平决定

的基本宏观经济模型，它并不像微观中的需求和供给曲线那么简单，这些总量曲线背后隐藏着更多更复杂的东西。总需求曲线反映的是产品市场和货币市场同时达到均衡时价格总水平与国民收入的依存关系。在其他条件不变的情况下，当价格总水平上升时，国民收入就下降；当价格总水平下降时，国民收入就上升。也就是说，总需求曲线是向右下方倾斜的，其机制在于：如果价格总水平下降，以货币表示的资产的购买力上升，人们的消费需求会增加，同时，在经济社会的名义货币存量既定的情况下，这也会导致实际货币余额上升，货币市场上出现货币的供给大于货币的需求，从而利率水平下降，刺激投资需求增加，因而增加总需求。从价格变化引起利率变化、税费变化和进出口变化等角度也可以推导出物价总水平与总产出的负相关关系。

总需求描述了价格总水平和国民收入之间的负相关关系，在这一点上，经济学家们能达成普遍的共识，但总供给理论却是宏观经济学中最具争议的领域之一，不同的学派有不同的总供给曲线。总供给曲线是基于工资、价格、就业和产出之间的联系而确立的，它不仅反映了产品市场，而且也反映了要素市场，特别是劳动力市场的条件。我们先来看古典学派的总供给曲线。在古典情形下，劳动力市场被假定为总是处于充分就业

第二章

的均衡状态,如果经济社会的所有劳动力都就业了,那么即使价格水平上升也无法使得产出高于现行水平,因为不存在为生产额外产出而可资利用的额外劳动力,所以,在与劳动力充分就业相对应的充分就业产出水平上,总供给曲线是垂直的(垂直于充分就业产出水平)。实际上,总供给曲线的斜率取决于劳动力市场对名义工资变动的反映程度。隐含在垂直总供给曲线背后的假定为:价格和名义工资具有完全灵活的可伸缩性,可以瞬时调整。对企业或劳动者来讲,重要的是实际工资而不是名义工资,对劳动的需求和供给都取决于实际工资水平。实际工资是名义工资与一般价格水平的比率,当名义工资上升幅度小于价格总水平上升幅度时,实际工资就下降,反之则反是。如果工资和价格总水平可以完全灵活地调整,那么就业量的决定就完全独立于价格水平的变化。因为物价上升时,名义工资水平会同比例上升,由于实际工资不变,劳动力将恢复到原来的均衡状态,就业量也恢复到原来的水平。这样,就业量就不随物价水平的变化而变化,从而总产出也不随价格水平变化而变化。总供给曲线就是一条位于充分就业产出水平的垂直线。例如,假定起初经济处于充分就业的均衡状态,由于某种原因导致总需求曲线向右移动,在现行价格水平下,经济社会需求的产品和服务数量增加了,全社会的厂商为适应这一变化，都试图获得更多的劳动力以生产更多的产出，每个厂商都力争雇用更多的劳动力，甚至不惜高薪聘请，但是经济中已经没有可资利用的劳动力了，在厂商争雇工人的竞争中，厂商只是哄抬工资而已，由于工资水平上升，厂商为其产品索取的价格也随之提高，但是总产出维持在充分就业水平上不变。

如果把上述向右下倾斜的总需求曲线和垂直于充分就业产出水平的总供给曲线放在一个坐标轴上，从几何上我们可以发现，任何政策的变化或外生的冲击导致总需求曲线发生移动，都只能导致价格总水平发生一对一的移动，国民收入保持不变；相反，如果某种原因导致供给曲线向右移动，国民收入会增加。也就是说，在这种情况下，任何影响总需求的因素都只能影响价格水平，无法影响国民收入，但任何可能促进总供给增加的因素，都会推动国民收入和就业水平的提高，刺激经济增长。持有这种观点的经济理论我们称之为供给侧经济学。

实际上，我们可以暂时抛开总供给—总需求模型，从更直观的事实来理解为什么供给决定经济增长。在市场经济中，所有的生产者生产商品都不是为了满足自身的消费需求，而是为了交换。生产者生产了一种产品，总希望立即把它卖掉，换成货币以后，他同样希望用这货币买进他需要的产品。在通过出售一种产品换取货币，再用货币换取自己想要的商品这一系列

第二章

交易过程中，货币只是起到交易媒介的作用，在交易结束后，我们会发现，交易最终表现为用一种商品交换另一种商品。因此，本质上我卖就是你买，我买就是你卖。既然一种商品总是用另一种商品购买的，而且作为支付手段的这另一种商品也同样是由劳动、资本和土地所创造的其他产品所组成的，这个事实表明，一种产品生产出来，就为其他产品创造了需求，开辟了销路。总之，生产或者供给本身就能创造需求。无论是单个人，还是一个国家，就怕生产不发展、不发达；如果生产发展、发达了，自然就会有收入和需求。这在经济学上就是著名的"萨伊定律"。按照这种理论，经济增长的关键是生产或供给的增长。没有供给的增长，经济就成为无源之水，无本之木。

从亚当·斯密到马歇尔，都是供给侧经济学的倡导者。斯密指出，增加国民财富靠两种方法：第一是提高工人的劳动生产率，第二是增加生产工人的人数。

如何提高劳动生产率？这有赖于技术进步和科技创新，而劳动力的增加则依赖于劳动人口的不断增长和资本不断积累。从供给侧看，对什么是决定经济增长的关键因素，经济学家们已达成某种共识，即资本积累、人口增长和技术进步。资本是广义的，包括物质资本（机器设备与建筑物等）以及人力资本

（劳动力的教育、培训、经验等）。根据资本的边际收益递减规律，不可能仅凭资本存量的增加而使经济增长永远持续下去。例如，著名经济学家索洛证明，储蓄或资本积累本身不能解释持续的经济增长，高储蓄率引起暂时的高增长，但经济最终会达到资本与产出不变的稳定状态。索洛通过改进生产函数，引入劳动与资本的可替代性，所得结果表明，在要素市场价格的作用下，资本—劳动比率会自动调整，从而保证经济增长始终稳定在一定水平上。具体地说，如果没有劳动力增长和技术进步，经济增长将始终为零，在考虑劳动力增长和技术进步的条件下，经济增长率将稳定地等于劳动增长率和技术进步率。长期中，人口增长可以解释总产出的持续增长，但不能解释人均收入水平的持续增长。只有考虑技术进步因素后，我们才能最终理解人均收入持续提高的原因。根据索洛及后来的新增长理论或内生增长理论，是技术进步导致了人均收入的持续提高，技术进步是经济持续增长的不竭源泉。

→ 第二章

需求能决定经济增长吗？

著名经济学家凯恩斯指出："古典学派的假设条件只适用于（充分就业的）特殊情况……而不适用于一般通常的情况,古典理论所假设的特殊情况的属性恰恰不代表我们实际生活中的经济社会所含有的属性,如果我们企图把古典理论应用于来自经验中的事实的话,会把人们引入歧途,甚至导致灾难性的后果。""经验中的事实"是什么呢？第一件,也是最具影响的事实就是1929—1933年爆发的"大萧条",在这个萧条期间,美国和许多国家经历了大量的失业和国民收入大幅度的下降。在萧条最严重的1933年,美国有四分之一的劳动力失业,而实际GDP比1929年以前的水平低30%。这与古典学派坚持认为经济总是处于充分就业状态,任何观察到的失业都纯粹是摩擦性失业（即工人变换工作引起失业）的观点相去甚远,摩擦性失业能导致高达25%的失业率?！而且由于古典学派假定工资能够瞬时作出调整,这意味着劳动力市场状况与工资行为毫无联系可言,即工资根本不是由失业而是由生产率和货币对价格的影响决定的，但观察到的事实却是，在短期内，工资的变动率与失业率之间存在着系统性的关系，这一关系被描述为菲利普斯曲线。基于这两个事实，许多经济学家开始怀疑古典理论，他们提出一些新的假设来解释观察到的经济现象。一些经济学家认为，名义工资不是完全可伸缩的，而是具有向下的刚性。这种情况下，现实经济中即使存在失业，工资水平也不会下降；但当劳动力处于过度需求状态时，工资却可以向上调整。这样，在刚性的名义工资下，如果物价水平上升，实际工资水平就会下降，劳动力需求就会扩大，经济的就业量和总产出就会增加，我们会得到一条向右上倾斜的总供给曲线。结合向右下倾斜的总需求曲线，我们会发现，这时如果由于某些原因导致总需求增加，总需求曲线向右移动，虽然物价水平会随着需求的提高而上升，但总产出水平也会随之提高。和古典理论不同，现在经济增长不完全取决于总供给，总需求的增加或刺激总需求也会促进经济增长，或者说，总需求也可以决定增长。这条向右上倾斜的总供给曲线称为短期总供给曲线，或凯恩斯主义总供给曲线。因为在短期，工资和价格具有刚性，劳动力市场会存在失业；但在长期，工资和价格可以实现充分调整，劳动力市场可以达到充分就业状态。所以古典理论适用于长期，凯恩斯主义适用于短期。因此现代宏观经济理论，不论

第二章

其出发点如何不同,都倾向于这样一个共识,那就是,在短期内,总供给曲线是向右上倾斜的,而在长期则是垂直的。

凯恩斯本人说:在长期中,我们都死了。因此他走向另一个极端,认为名义工资具有完全的刚性,此时总供给曲线就是一条水平线。隐含在凯恩斯总供给曲线背后的思想是:由于经济社会存在大量非自愿失业,当总需求增加,厂商因此增加产出时,以前大量闲置的资源,包括劳动力,重新回到就业岗位,这些闲置要素的价格并不会上涨,这意味着厂商可以在现行工资水平固定不变的情况下雇用他所需要的任意数量的劳动力,厂商的平均成本也不会随产量水平的变化而变化。这样,需求增加引致产出增加时,物价水平不会上涨,或者说,在价格水平不变的情况下,厂商也愿意供应任意被需求的数量。在凯恩斯框架里,总供给并不能影响总产出和就业,唯有总需求能决定经济增长。总需求扩张,价格水平不变,产出和就业水平随之增加。这一观点通常被称为"需求决定供给",或"凯恩斯定律"。

按照凯恩斯或凯恩斯主义的思路,我们同样可以从直观上理解需求侧经济学。在市场经济中,如果产品生产出来没有销路,没有人购买,就只不过是在仓库里的一堆废品。企业生产出来的大量产品如果堆在仓库里卖不掉,资金就不能回笼,职工工资就发不出来，也不能继续购买下一期生产用的原料和燃料等。不仅生产不能扩大，连简单再生产也无以为继。接下来，个人就要失业，社会经济就会陷入萧条和衰退状态。因此，经济增长归根结底是由需求决定的，这个需求是指有支付能力的有效需求，而不是人们想不想购买的主观愿望。大量事实证明，有购买能力的需求对经济的发展很重要、很关键。商家在某个地方开设大超市的原因是那里有市场需求。苹果公司之所以大量生产 iPhone、iPod 和 iPad 等产品，就是因为苹果公司知道这种产品的销路非常好。

第二章

为什么短期中经济增长由三驾马车决定？

　　无论总供给曲线是垂直的还是向右上倾斜的，都意味着总需求可以决定经济增长。当我们说经济增长由总需求或有效需求决定时，实际上等于说是由消费、投资和净出口三者决定。其中消费是指私人消费支出，包括家庭部门对耐用消费品、非耐用消费品和服务的支出。投资支出包括私人部门购买机器设备、厂房、住宅以及存货投资的支出等。净出口就是出口减去进口的余额。出口就是将货物卖给外国人，不管外国人是否再转卖，从出口国的立场看，就是出售给了最终使用者。出口货物的价值就成为本国生产的最终产品价值的一部分，成为GDP的组成部分。出口代表外国人对本国产品的需求。然而，对外贸易中除了出口还有进口。进口是进口国对国外货物的需求，也是该国消费、投资和政府购买的需求的一部分。进口国的消费者可能会购买进口消费品，厂商会购买国外的机器设备，政府会购买国外的武器等，这都会使进口国的收入流到国外，因此，在计算进口国的总需求时要把进口货物的价值扣除。出口减去进口就是净出口。

众所周知，生产的终极目的是消费。在市场经济中，产品生产出来主要仰仗私人部门的购买，其中最主要的是私人部门的消费。经济社会生产的所有产品都是直接或间接为消费者生产的（资本品是为下一期生产更多的消费品而准备的）。在发达国家，消费支出占GDP的比重通常会达到70%以上。消费反过来又支撑生产，消费者信心指数越高，消费者越愿意花钱购买产品，生产和就业就越繁荣，整个经济就会进入一个良性循环。从这个意义上说，消费是拉动总需求的第一原动力。如果消费者不愿意将全部收入用于购买产品，而是储蓄一部分收入，就会有一部分产品卖不掉，但只要这部分储蓄能够有效地转化为私人部门的投资，总需求也不会存在问题，所以投资就成为拉动总需求的另一个重要力量。投资对利率的变化非常敏感，受政策的影响较大，当短期内经济增长靠刺激消费难以奏效时，靠投资拉动是不错的备选方案。促进产出增长还可以借助外部力量，通过采取措施，刺激国外私人部门对本国产品和服务的需求。经济全球化使得国与国之间的经济联系越来越紧密，经济的对外依存度会有所提高。有些国家，如新加坡、比利时等，则依靠贸易立国，外贸依存度超过100%，主要经济活动都依靠进出口贸易。经济学中通常把消费、投资和净出口

第二章

称为短期中拉动经济增长的三驾马车。这三驾马车有多重要，由中国 GDP 的数据也可见一斑。2014 年消费、投资和净出口这三大需求对中国 GDP 增长的贡献率分别为 51.6%、46.7% 和 1.7%，2014 年中国 GDP 的增长率为 7.4%，三大需求拉动 GDP 的百分点分别为 3.8%、3.4% 和 0.1%，总和是 7.3%，其他年份也大体如此，所以，三驾马车名不虚传。

在经济学说史上，供给决定需求或经济增长的理论长期占据着统治地位，但 20 世纪 30 年代发生的经济大萧条，使人们转而相信凯恩斯的学说和主张，每逢经济不景气时，就采用一系列刺激经济的财政政策和/或货币政策来提高有效需求。实际上，对于这两种理论，即供给决定增长和需求决定增长这两种观点，不能说一种绝对正确，另一种绝对错误，主要看我们关注长期还是短期。古典理论的假设在长期中是成立的，经济的长期持续增长必须靠供给、靠劳动力增长、人力和物质资本积累以及技术进步。但在短期中，经济运行难免有摩擦，偶尔会出现"感冒"或"咳嗽"，这时经济中主要特征是有效需求不足，需求侧管理政策对于推动经济增长会非常有效，例如，政府可以通过财政政策和货币政策刺激消费、投资和净出口，促进总需求的增加来推动总产出和就业的增长。

大国崛起的新政治经济学

为什么要实施供给侧结构改革?

湖北省政协委员王海说:"(中国人)到日本买感冒药,是中国制药企业的耻辱。"并指出,这说明中国药企缺乏创新,无法满足百姓的需求。其实,这种剧情在其他行业也同样在上演,例如,中国大陆消费者在中国香港、欧洲、澳洲"扫荡"婴幼儿奶粉,到日本抢购马桶,在韩国购买化妆品……当中国大陆消费者海外疯狂购物的同时,国内消费的热度却并无国外那么高。实际上,自我国实行改革开放政策以来,外贸规模已稳居世界前列,中国制造的产品,其中主要是日用消费品,大量出口国外。为什么人均 GDP 远高于中国人的西方人愿意花钱消费中国的低价格产品,而中国人却不愿意花钱消费自己的低价格产品呢?这说明尽管中国制造很强大,但一些产品"品位"的提升没有跟上国内需求,我们的供给侧结构有问题,这是不争的事实。

近 20 多年来,我国经济管理的主要思路是需求侧管理。无论是 2008 年全球金融危机后财政上的"4 万亿"的刺激计

第二章

划,还是中国人民银行的多次降准、降息的货币政策,都属于刺激投资、消费和出口的需求侧政策。在1997年的亚洲金融危机,以及2008年全球金融危机这样的背景下,经济增长缺乏动力,确实可以从需求不足上找到原因。因此,需要政府以各种方式刺激消费、投资和出口需求,促进经济增长,这是经济增长的原动力。

在短期通过上述"三驾马车"的需求侧管理刺激经济,不失为治疗经济"感冒"的良方,但在长期是行不通的。例如,改革开放以来,我国的消费率(消费支出占GDP的比率)总体呈下降趋势,从1978年的62.1%下降为2013年的49.8%,近10年一直低于50%。而世界平均消费率为77%,我国明显低于世界平均水平。消费对GDP增长的贡献率也长期徘徊在50%左右,较低的年份如2007年只有39.6%,长期的刺激消费需求的政策并未取得理想的效果。由于全球经济面临下行压力,近年来出口对经济增长的作用也在减弱,例如,2000—2014年的15年中,有8年净出口对GDP增长的贡献率为负值,最低为2009年的-42.8%,那么,我国经济发展所取得的巨大成就是依靠什么呢?是过分依赖投资的增长获得的。这可以清楚地从投资率的上升看出,从1999年至2010年这10多年的时间中,我国平均固定资产投资率从0.33上升到了

0.7，而同期美国的固定资产平均投资率由0.21下降为0.15。这说明我国经济增长中投资的作用绝对是占主要地位。如全球金融危机之后的2009年，我国GDP增长率仍达到9.2%，这其中投资的贡献率高达87.6%。

如果能长期依赖有效的投资获得高增长也好办，但可惜这是不可持续的。投资的边际效率递减，这是一个客观的经济规律。投资效率可以用增量指标产出率来衡量，它说明1元钱投资能带来多少钱的GDP。研究表明，发达国家的增量资本产出率一般在2到3之间，即1元钱的GDP增加值需要2元到3元钱的投资。而中国1991年到2003年的增量指标产出率为4.1，近10年这一指标不断攀升，最高逼近7，也就是说，拉动GDP增加1元钱，现在需要投资增加7元钱。这就是说，一方面，我国投资效率只有发达国家的二分之一到三分之一，另一方面，为支撑经济持续高速发展所需的巨额投资资金将难以为继。居高不下的投资率和持续走低的投资效率使我国经济风险和金融风险丛生。

中国的高投资主要是政府主导的，投资资金来源主要是银行信贷而不是自身积累，投资缺乏效率会使银行坏账率上升，如果大量投资项目的信贷资金收不回来，只能逼迫央行印钞票。我国2008年底到2009年初出台4万亿救市政策，地方配

第二章

套投资资金高达18万亿，短短两年时间就使地方债务飙升至10万亿的天文数字。很多地方上马的项目现在看来还债无望，从而变成银行坏账。并且，中国就是因为前些年为追求GDP的增长速度而实施过度的、重复的和低效的投资造成经济结构严重失衡，导致目前中国承受经济下行压力。过去一些年份的经济实践表明，如果为了短期的稳增长而打开货币水龙头，启动政府投资，只会使中国经济陷入高度的产能过剩的危机，给中国经济积累高度的风险。

一国的经济增长是依靠扩大再生产来实现的，所以投资是必须的，问题的关键是增加什么项目的投资。显然，重复投资项目、重污染投资项目、高能耗投资项目、产能过剩的投资项目或纯粹为政府领导装潢门面而对改善民生无益的投资项目等，切不可再上。应该鼓励高新技术产业领域的投资项目和满足民生需求的投资项目。从短期看，投资是构成总需求的重要部分，但从长期看，投资则会形成供给，增强供给能力。如果投资结构不合理，一定会形成供给结构不合理。或者说，我们现在面临的供给侧结构问题，是前些年投资结构不合理积累造成的。从这一点看，需求侧问题和供给侧问题是相互交织的，当我们实施需求侧管理时，要考虑其对供给侧的影响，当我们关注供给侧结构问题时，要从需求侧追寻问题根源。

中国人在国外旅游都疯狂抢购了些什么？无非是化妆品、皮包、婴幼儿奶粉、药品等日常生活用品。为什么国内山河壮丽，还要蜂拥到国外旅游？为什么国内各种生活用品已经极其丰富，还要到国外"扫荡"？问题不在消费者，消费者花自己的钱，当然想买到称心如意的商品；问题在于供给侧解决了产品"有""无"问题，却没有适应国内居民收入水平提高后对产品升级的期待。因此，这造就了国内市场上深刻的供需矛盾：一方面，中国早已是著名的"世界工厂"和"制造业中心"，进出口贸易总额稳居世界第一位；但另一方面，国内市场上充斥着大量问题产品无人问津，还有许多行业存在大量的过剩产能。面对这种问题，靠需求侧管理是难以解决的。而供给侧则潜力巨大：个人电脑出现之前，人们没有对电脑的有效需求，但随后带动了全球电子消费产品的革命；智能产品、互联网的发明，推动了供给和需求双侧的革新。

这种背景下，提出供给侧改革恰逢其时。供给侧改革的思路是将目光锁定在供给与生产端，通过解放生产力、提升竞争力打造中国经济的升级版。关于供给侧改革，2015年中央经济工作会议强调，"明年及今后一个时期，要在适度扩大总需求的同时，着力加强供给侧结构性改革，全面提高经济发展质量。"换句话说，面对中国经济当下的困局，仅从需求侧着手

第二章

已经很难有所突破，双侧入手改革，才是结构性改革。中共十八大以来一直提倡的"调结构、促改革"，中央现在把关键点选在了供给侧。

推动供给侧结构改革，是治国理政的重大战略部署，也是适应和引领经济新常态的对症之举。走进新常态的中国面临许多新问题和新挑战：在周期性和结构性因素影响下，经济运行面临下行压力，经济增速进入换挡期；经济发展中不协调、不平衡、不可持续等矛盾还很突出，统筹稳增长、促改革、调结构、惠民生的任务十分艰巨。实施和推进推动供给侧结构改革，能够更好地适应新常态下调整速度、优化结构和转换动能的要求，满足人们多样化、多层次的需求，提升整个生产体系的质量和效益，增强经济持续增长动力。

供给侧结构改革是走"供给学派"的老路吗?

当中央提出"供给侧结构改革"时,人们很自然地想起美国的供给学派,甚至用供给学派的理论体系来解释或解读我国的供给侧改革。其实,这二者完全不是一回事。

"供给学派"是20世纪70年代出现于美国的一个经济学流派,因强调供给在经济中的重要性而得名。该学派认为,高税收会扭曲激励进而造成产出乃至税收减少,其思想被总结为"拉弗曲线",认为政府减税并配合各种解除管制政策后,人们的劳动积极性会大增,企业也会增加投资,这样产品供给就会增加。而供给增加会引发产品价格的下降,进而解决通货膨胀问题。这种新办法被命名为供给侧管理或改革,这套新理论就叫作供给经济学。20世纪80年代美国总统里根曾经采纳过这个学派的政策主张。

供给学派的兴起背景是针对当时出现的"滞涨",即西方社会失业严重,同时物价持续高涨,这与凯恩斯理论的预测大相径庭,于是各经济学派纷纷置疑凯恩斯主义的经济理论,研

第二章

究"滞胀"产生的原因并提出相应的政策主张。显然，这一背景与我国目前的宏观经济形势完全不一样，其政策主张也无助于解决我们面临的问题。

我国的"供给侧改革"，是从提高供给质量出发，用改革的办法推进结构调整，矫正要素配置扭曲，扩大有效供给，提高供给结构对需求变化的适应性和灵活性，更好地满足民众的需要。我们面临的供给问题是：钢铁、煤炭等行业存在大面积的产能过剩、房地产市场积压了大量的库存；经济缺乏新的增长点；社会民生各项服务亟待提升，等等。

这些问题如何解决？我们首先需要弄清楚，这些问题是怎么产生的。在纯粹的市场经济体系下，供给侧是不会出现严重的问题的，因为企业是根据市场需求来决定生产什么、生产多少，没有需求的产品是不可能被生产出来的。所以，问题的关键是：是否有充分的市场竞争！过去为什么会出现大量的重复投资、产量过剩和结构失衡，恐怕与政府主导投资而不是由企业决定投资不无关系。由此看来，供给侧改革就是要按照市场导向的要求来规范政府的权力，改变政府公共政策的供给方式，使之更好地与市场导向相协调，让市场在配置资源中起决定性作用。否认市场在资源配置中的决定性作用而空谈供给侧改革，还是像过去一样以有形之手抑制无形之手，不仅不会有助于经济结构调整和产业结构调整，还会损害已有的市场化改革成果。

一旦规范了政府的权利，真正能够由市场在资源配置中起决定性作用，我们就可能实现"大众创新、万众创业"：让微观市场主体去发现市场机会，而不是一味地由政府主导经济，真正需要政府做的，就是供给更好的公共服务，解放生产力，让生产要素向更加需要、更有效率的地方流动，恰如习主席在2015年11月10日中央财经领导小组第十一次会议提出的："要促进过剩产能有效化解，促进产业优化重组。要降低成本，帮助企业保持竞争优势。要化解房地产库存，促进房地产业持续发展。要防范化解金融风险，加快形成融资功能完备、基础制度扎实、市场监管有效、投资者权益得到充分保护的股票市场。"表面看上去，这些政策措施似乎与供给侧毫无关系——会议并没有直接提出要生产高档皮包、优质奶粉等问题，但其中的思想是相通的：化解过剩产能、房地产去库存，其目的就是让低效率的企业从过剩行业退出，留下真正有竞争力的厂商，淘汰落后产能，引导企业进入真正存在结构性矛盾、供给不足的行业，实现资源有效率的配置；降低企业成本、防范化解金融风险、培育健康的股票市场，是为企业创造良好的生产经营环境。

第二章

正如我们前面提到的,我国的供给侧改革并不否定需求侧的作用,而是双侧入手的改革,不能顾此失彼,强调一侧,而忽略另一侧。这是因为,中国经济运行正面临着供给侧和需求侧都亟待结构性调整的双重压力:需求侧面临消费需求低迷的压力;供给侧的问题是结构性供给过剩和结构性供给不足并存,这又与需求侧的投资结构密切相关。只有坚持供给侧和需求侧的同步结构性调整,实现新的平衡,才能实现经济的稳步增长。

第三章 市场与政府：用什么配置资源？

对于一个经济社会，无论是私有制的社会还是社会主义社会，其最核心的问题是如何实现稀缺资源的合理配置，那么，我们是应该依赖政府还是市场配置资源？中国的大国崛起之路是依赖政府控制资源实现的吗？为什么在社会主义的中国还需要由市场决定资源配置？由市场在资源配置中起决定性作用是否意味着完全排斥政府的作用？本章在逐次回答上述问题的过程中，将给读者呈现一个关于政府与市场关系的全新注解。

经济学的最基本工作就是考察如何将相对稀缺的经济资源分配于不同用途，也就是研究资源的合理配置问题。日常生活中我们可以观察到的许多交易都与资源配置相关，如在房地产市场火爆的年月，各地"地王"频出，大、中、小城市的开发商纷纷上马商品房开发项目；上海市政府实施惠民生工程，在郊区投资新建多家三甲医院；迪斯尼在上海浦东建设全球第六座迪斯尼乐园等等。这些资源配置活动或由企业依据市场准则达成，或由政府行政性指令推动实施。如何处理市场与政府在资源配置中的角色定位问题？我国改革开放的不断深入演进过程，就是不断厘清和摆正市场与政府关系的过程，并因此奠定大国崛起的基础，构建了新政治经济学的核心框架体系。

经济社会如何配置资源？

一个经济社会所拥有的经济资源主要包括劳动、土地、资本和企业家才能等投入要素。相对于人们无穷无尽的欲望而言，这些经济资源总是不足的，或者说是稀缺的，因此，经济学需要研究人们如何作出选择，来使用可以有其他用途的稀缺的经济资源，在现在或未来生产各种物品，并把这些物品分配给社会各阶层以供消费之用，即决定生产什么、生产多少和为谁生产的问题。

经济资源的配置都是由不同的经济体制实现的。经济体制大致有以下四种类型：自给自足的自然经济、计划经济、市场经济和混合经济。在自给经济中，每个家庭生产他们消费的绝大部分物品，只有极少数消费品通过与外界交换而获得，在这种体制下，资源配置由居民的直接消费决定，效率低下。

计划经济体制则是通过国家计划进行资源配置，生产什么、生产多少和为谁生产，都由政府统一安排，以行政命令的方式决定产品数量、品种、价格、消费和投资的比例、就业和

第三章

工资水平以及经济增长速度等。如果中央计划者能够获得充分信息，那么可以从理论上证明，计划经济对资源的配置能够达到帕累托最优状态。传统观念认为，计划经济是社会主义制度的基本经济体制，能够集中力量办大事，是社会主义国家优越性的体现。但信息充分是一个很强的假设，在实践中无法实现，中央计划者并不能掌握比私人决策者更多的信息，因而也不能有效解决资源配置问题。

市场经济体制最初是由亚当·斯密在其1776年出版的《国富论》中勾勒雏形。他认为，在产权明晰的条件下，由各私人部门（企业和个人）自由分散地进行经济决策，所有的经济行为受一只"看不见的手"指引，资源配置由自由竞争的市场中的价格机制来完成，即劳动、资本和土地等经济资源的流动、交易和组合等都由市场中的竞争机制和价格机制决定。在这种体制下，政府不参与、也不干预任何经济决策活动。政府做什么呢？就做一个守夜人，当夜晚来临的时候就去敲钟，入夜了看看有没有偷盗行为。在纯粹的市场经济中，政府的主要任务就是国防、司法与行政以及公共工程和公共事业的建设与维持。

市场经济体制和计划经济体制是配置资源的两种最基本的体制，资源配置模式的两个极端即完全由市场决定或完全由政府决定。但在实践中,纯粹的市场经济和纯粹的计划经济在当代都不存在,混合经济成为一种替代模式。早在1941年,汉森在其《财政政策和经济周期》一书中指出:"从19世纪末期以后,世界上大多数国家的经济,已经不再是单一的纯粹的私人经济,而是同时存在着'社会化'的公共经济,即'公私混合经济'。"混合经济就是"让国家之权威与私人之策动力量互相合作",即上述计划体制和市场体制的结合,表现为生产资料私人所有与国家所有的结合,以及自由竞争与国家干预相结合。这种体制下,市场和政府均参与资源的配置,但政府会在某些领域限制私人的经济活动。

→ 第三章

大国崛起意味着政府更多地干预和控制经济吗?

我国的大国崛起之路是依靠政府控制所有资源,通过集中力量办大事来实现的吗?在改革开放前,即基本由计划经济配置资源的年代,我国的人、财、物力由政府统一支配,企业和个人没有经济自由,企业名义上是"工厂""商店",但实际上是各级政府的附属物,没有生产经营的自主权,利润全部上缴政府财政,利润创造的多少与本企业的分配无关,企业不是利润最大化的追求者,主要任务是完成计划下达的工作量;个人在某一企业或某一片土地上拥有"铁饭碗",但不能自主择业。企业和个人都吃政府的大锅饭,产品几十年都是一副老面孔,并且政府对轻工业品实施价格上限,导致其严重短缺,只能通过配给实现供求相等。这严重挫伤企业的生产积极性,消费者追求个人利益最大化的行为也受到抑制。由于企业和个人均缺乏基本的经济激励,整个社会毫无经济活力。

我国从长期实践中深深体会到了传统计划经济的种种弊端,自中共十一届三中全会开始了改革开放的全面进程。但改革什么，怎么改革还在不断探索。过去我国也进行过多次改革，但只是在中央和地方的"统权"和"分权"上做文章，始终走不出"一统就死""一放就乱"的怪圈，经济活力激发不出来。问题在于，无论是"统权"还是"分权"，依然是政府说了算，只不过是中央政府权大一点还是地方政府权多一点，丝毫不涉及革计划经济的命。事实表明，改革就是要对计划经济体制动手术，要用市场经济体制来代替计划经济体制，改革的核心问题就是要正确处理资源配置上的政府与市场的关系。

我国的改革之所以取得成功，逐步实现大国崛起，就在于坚持了市场化取向，从政府配置资源逐步转向了市场配置资源。1978年的改革伊始提出在计划经济基础上实行市场调节；中共十二大明确提出了"计划经济为主、市场调节为辅"；1984年又前进一步，提出要实行在公有制基础上的有计划的商品经济；1987年党的十三大提出了"社会主义有计划的商品经济体制应该是计划与市场内在统一的体制"，还提出了"国家调控市场，市场引导企业"的模式。真正破除传统观念禁锢的是改革开放的总设计师邓小平，在1990年邓小平说过，资本主义与社会主义的区别不在于计划还是市场的问题，不要以为搞点市场经济就是走资本主义道路。1992年的南方谈话中，邓小平更明确地指出，计划多一点还是市场多一点不是社

第三章

会主义与资本主义的本质区别。计划经济不等于社会主义，资本主义也有计划；市场经济不等于资本主义，社会主义也有市场。这些论点从根本上解除了把计划经济和市场经济作为姓"资"姓"社"的标志这一传统思想束缚，为我国经济体制改革指明了方向。正是根据邓小平理论，中共十四大宣布"我国经济体制改革的目标是建立社会主义市场经济体制"，"要使市场在宏观调控下对资源配置起基础性作用"。这之后，中共十五大、十六大、十七大和十八大都是根据这一目标，逐步推进市场化取向的经济体制改革，并取得经济高速发展的伟大成就。

在经济体制向市场化转轨的过程中，政府的职能也在逐步从经济领域退出，转向公共服务领域，但这种转变在当前还是滞后的，因为政府在许多场合还是市场中一个极其重要的竞争者，经济生活中出现的一些无序竞争、恶性竞争现象，背后或多或少有政府竞争的影子。正是在这种情况下，在党的十八届三中全会中通过的《中共中央关于全面深化改革若干重大问题的决定》中作出了"使市场在资源配置中起决定性作用，更好地发挥政府作用"的新提法。

从中共十四大开始的"基础性作用"到十八届三中全会的"决定性作用"，这一思想上的重大突破，也是循序渐进地展开的。十四大"要使市场在宏观调控下对资源配置起基础性作用";十六届三中全会提出"更大程度地发挥市场在资源配置中的基础性作用";十七大提出"从制度上更好发挥市场在资源配置中的基础性作用";十八大又提出"更大程度更广范围发挥市场在资源配置中的基础性作用"。尽管对"基础性作用"的限定在不断放松,但"基础性作用"本身的定位很模糊,很容易让人理解为"基础性作用"之上还有一个更高层面的决定性作用,因为当年的实践表明"基础性作用"仍旧一直要在"国家宏观调控下"发挥,即仍旧要由政府来主导甚至决定市场如何配置资源。比如,企业上马什么投资项目,需要政府审批决定;地方发展什么产业,须通过政府招商引资决定;银行发放贷款,实际也要政府做主。这就是所谓的"政府主导型发展战略",政府"有形之手"对资源配置的影响盖过了市场"基础性作用"的风头。现在明确将市场和政府两者分开,各有定位,各司其职,资源配置由市场决定,即企业和个人说了算,政府不能直接指挥和插手,政府做好自己该做的事,更好地发挥政府的作用。这里"更好地发挥政府的作用"主要是和过去比,不能像过去那样"越位"去做本该由市场主体去做的事,不去干预市场的正常运行;也不能"缺位",不去做好本该由政府来做的事。

第三章

国内外经验证明，违背市场经济一般规律，忽视市场在资源配置中的决定性作用，资源就会错配，社会生产力的发展就会受阻。如果不能正确处理好市场与政府的关系，不仅不能实现民族复兴和正常崛起，反而会陷入经济停滞甚至衰落。改革开放的 30 多年，正是因为我们坚持并不断推进市场化进程，从而促进了中国经济的蓬勃发展，取得了举世瞩目的伟大成就。

为什么要由市场决定资源配置？

为什么必须由市场而不是政府来决定资源的配置？这是由市场本身所具有的特定功能决定的。在计划经济体系下，商品价格不反映市场供求关系，不能随商品供求关系的变动而变动，即使某种产品供过于求或供不应求，商品价格都不会及时调整，因而不能正确引导资源的流向，从而导致资源错配，短缺严重，经济效率低下。在市场经济下，决定各种生产要素流动的是市场价格机制，各种产品价格和要素价格也是由市场的供求关系决定的，价格上涨会抑制消费和需求，刺激生产和供给，而价格下跌会刺激消费和需求，抑制生产和供给，通过价格的自由涨跌，市场会自动使各种经济资源配置到其所需要的各个部门或各个领域。我国实施改革开放后，计划经济逐步向市场经济转轨，绝大多数商品实行市场定价，经济运行情况大为改善。市场价格机制在资源配置方面所具有的独特作用和优势，决定了资源配置必须由市场说了算。具体来说，主要表现在以下几个方面：

第三章

1. 市场价格能够有效协调商品供求关系。根据经济学基本原理,价格是由供求决定的,反过来价格又会调节供求。市场上某种商品供过于求时,一部分卖者无法按现行价格卖掉其产品,卖者之间会展开竞争,报价低者才能出售其商品,因此该商品价格会下跌。价格下跌会导致生产者利益受损,一部分生产者会减少产量或退出市场。但价格下跌有利于消费者,刺激他们增加需求。这样,供过于求的局面会慢慢改善,直至在某一价格水平下达到供求平衡。反之,如果供不应求,一部分消费者无法按当前价格购买其想要的产品,买者之间会展开竞价,出价高者获得产品,所以该产品的价格会上涨,生产者获利增加,刺激其增加产量或吸引其他厂商进入该市场,但价格上涨会抑制消费者的需求,供不应求的局面也会因此慢慢改善,直至供求达到均衡。通过价格变化还能促进资源的合理使用。例如,水、电、煤气、汽油等价格如果定得过低,人们就会不加珍惜,过度使用,形成浪费,增加污染,一旦调高价格,人们马上会做出反应,促使他们节约使用各种资源。其实这也是市场价格调节供求关系的体现。

2. 市场价格的自由涨跌可以有效引导资源配置。经济资源是否按人们的需求得到合理配置,通常会及时在产品价格变动上得到反映,也就是说,市场的有效性能够确保资源配置的合理性。如前所述,产品市场上供过于求时价格会下跌,导致生产者利益受损,一部分生产者会减少产量或退出市场,转而生产其他有利可图的产品,资源会从该产品市场流出,转向其他生产领域;市场供不应求时价格会上涨,生产者有利可图,刺激其增加产量或吸引其他厂商进入该市场,资源会从其他生产领域大量流入该市场。对于这种现象我们并不陌生,以前的VCD、DVD等产品市场,以及当前的房地产市场,都曾演绎过价格信号指导资源流向的精彩剧情。因为有价格的自由波动和经济当事人追逐利益最大化的本性,各种资源会随着价格变化而流动到最需要的地方去。在市场价格的引导下进行资源配置,可以消除低效率的生产和消费,保持社会以高效率完成经济活动。市场就如同一架超级计算机,在准确地计算着每个消费者的需求和每个生产商的成本,以极其直接的方式向人们传递准确的信息,信息准确的程度令人惊奇。

3. 市场价格机制能够有效提高经济效率。理性的消费者在市场上选购商品时,基本原则是同样的商品比较价格高低,同样价格的商品比较质量或性能好坏。产品价格和质量的高低,完全取决于厂商的生产技术和管理水平。如果厂商能够不断改进其产品生产技术和提高企业管理水平,就必然能够以同样的成本,生产出更多物美价廉的产品供应市场,获得消费者

第三章

的青睐，打开市场销路，使得该厂商在激烈的市场竞争中取胜，形成市场上的一种良性激励机制。可见，市场价格能够激励生产者改进生产技术和经营状况，尽可能节约资源，降低生产成本，使用最有效的生产要素组合追求既定产量的成本最小化或既定成本的产量最大化，提高资源使用效率。当全社会的生产者都这样做时，整个社会的全要素生产率就会不断提高。

需要指出的是，上述市场价格机制作用的发挥，都是在市场竞争中自发实现的。每个生产者和消费者在竞争中都追求个人利益的最大化，但却会有效地促进整个国民财富的增长。在这种情况下，用不着政府去干预，如果政府企图指导个体应如何运用他们的资本，那不仅是自寻烦恼地去注意最不需要注意的问题，而且几乎毫无例外地必定是无用的或有害的。因此市场价格机制如同一只"看不见的手"在指挥人们的经济行为，逐步实现资源的合理配置和劳动生产率的提高。当然，市场机制有时也可能产生不合意或次优的结果，但我们没有比之更好的配置方式可供选择。诺贝尔经济学奖获得者、美国经济学家弗里德曼曾评价"看不见的手"说，市场经济超越所有君王和政府，如同上帝一般无法管制和驾驭，故地球上最强大的"有形之手"也对其退避三舍。

由市场决定资源配置，让市场机制起作用，是需要满足某些条件的。(1)市场主体的产权要明晰。如果产权不明晰,生产经营成果不能归属市场主体,企业或个人就没有被激励去捕捉经济信息,调整产品价格,改进生产技术和改善经营管理。那么上述市场价格机制的各种促进作用就无从谈起,势必会导致资源错配和浪费。例如,当前很多农民进了城,买了房,在城市工作和生活,其在家乡的耕地和宅基地闲置起来,但由于产权不属于该农户,无权处置,因而导致一方面城市用地越来越紧张,另一方面农村却存在大量荒废的土地的局面。(2)市场主体要拥有自主决策权,即经济决策是自由而分散的。只要市场主体不违反法律,都应听其完全自由,采用自己的方法,追求自身的利益,以其劳动或资本与其他主体进行竞争。这是产品价格、产量、要素价格等能由市场主体决定的前提。(3)要有健全的法律制度以维护健康的市场秩序。市场经济活动中各个主体、各种行为都必须以法律的形式加以规范,尽可能保护每个参与人利益,使其不受社会上任何其他人的侵犯,对于违规行为予以严惩,以规范市场秩序。通过健全的法律制度保护产权、维护契约、促进平等交换和公平竞争、实施有效监管,可以降低市场交易费用,保障市场健康运行。从国内外经验来看,没有健全的市场经济法律制度,就不可能有完善的市场经济体系。

第三章

上述三个条件必须同时具备和满足，缺一不可，否则由市场决定资源配置就会沦为空谈。并且，以上条件只有在能正确处理政府和市场的关系的前提下才会存在，因为政府和市场的关系，说到底就是政府和市场主体的关系。政府和这些市场主体相比，前者是强者，后者是弱者，因为政府是国家政权机关，拥有强大特权。如果政府和市场的关系定位模糊，政府与市场主体的权力边界不清，政府就会轻而易举地利用自己的特权，侵占市场主体的利益，去做那些不该由它来做的事，却不做本应该由它来做的事，如此一来，市场决定资源配置的那些条件就不具备了。

为什么要更好地发挥政府作用？

由市场决定资源配置，并不等于无政府主义，完全排斥政府作用的发挥。比如产权的确立，法律法规的健全与完善，环境污染问题的治理，还有公共服务的提供等，都离不开政府。政府并非管得越少越好，当然也不是越多越好，过犹不及，而是管得有效率的政府才是好的政府。最关键的问题是管什么，如何管。自改革开放以来，在多年建设社会主义市场经济体制的历程中，政府确实做了不少事，起了不少积极作用，但还存在一些问题，主要表现在以下两方面。

一是政府"越位"，即政府部门超越自己的职能范围，不该管的也去管，对资源的直接配置过多，侵占市场决定资源配置的权力。例如，各级地方政府为追求本地GDP的增长速度，不惜消耗一切资源，不顾破坏生态环境，竭力以最优惠的条件（如减免税费、无偿使用土地等）招商引资，想方设法构筑融资平台，用银行贷款上项目，搞投资。政府的一些部、委、办也竭力维持审批体制，甚至扩大审批权限，干预市场配置资

第三章

源,导致某些场合市场主体不能自主决策,被迫寻租、"跑部钱进"。这种政府主导的经济增长模式虽然在短期获得了经济高速发展的效果,但却是以资源快速耗竭、环境严重破坏和牺牲长期可持续发展为代价的。这类超前开发、发展模式犹如饮鸩止渴,实在不可取。

二是政府"缺位",即政府部门没有切实认真履行自己的职责,充分有效地生产和供给公共产品和服务。例如,政府没有有效发挥对市场秩序的监管职能,也没有尽其所能去做惠及民生的公共服务。政府的"缺位"带来的后果很严重。如果在市场监管上缺位,会助长一些企业或商贩的假冒伪劣行径,导致食品药品行业的中毒事件时有发生,甚至产生"劣品驱逐良品"的效应,导致市场崩溃;而且,当这些事件发生后,如果政府不依据相关法律法规予以严惩,以儆效尤,反而为了GDP和财政收入,对相关主体采取姑息纵容的态度,会严重损害政府权威,并导致市场秩序混乱,无序竞争。如果政府不能有效保护知识产权,严厉打击盗版侵权,就不能激励创新和发明,人们就会宁愿为IBM或微软研究院打工,也不去设计和开发新产品,建设创新型国家的战略就只能是一个梦。某些地方的政府与民争利,为自己部门的利益服务,人民群众的切身利益得不到重视和保护,正当诉求得不到解决,导致党和政府的公信力下降。

值得注意的是,政府的"缺位"和"越位"与我国过去长期实行计划经济体制、有一个路径依赖有关,也与我国在改革开放初期不重视市场经济有关。那时候,一方面,市场经济成分所占比重很小,市场主体如民营企业和个体工商户的力量极小,经济想要快速发展,还得靠政府出面招商引资。另一方面,市场对政府而言也是一个新事物,政府各部门还缺乏与市场共处的经验。因此,在转轨初期,政府出现一些"缺位"和"越位"的现象在所难免。但是,随着改革的深入,市场经济体制逐步完善,市场决定资源配置的条件日趋成熟,政府继续玩"缺位"和"越位"就理屈词穷了,并且如前所述,后果也会很严重。为了更好地发挥政府作用,我们亟须厘清政府与市场的职责界限,让政府与市场各司其职,完美配合,合力实现大国崛起和中华民族的伟大复兴。

如何界定政府的职责呢?为了更好发挥政府作用,中共十八届三中全会通过的《中共中央关于全面深化改革若干重大问题的决定》明确了政府的各种职能,概括起来,即包括稳定宏观经济、优化公共服务、保障公平竞争、加强市场监督、弥补市场失灵等,为我们界定政府职能提供了科学的依据。其实,任何一国政府的职能,都包括政治职能、经济职能、文化职能

第三章

和社会职能等。从资源配置中政府与市场的角色定位角度出发,我们将讨论的重点聚焦于市场经济中政府的经济职能。

政府的经济职能可概括为三个方面:(1)提升经济效率,如管制行业垄断和不正当竞争行为,解决外部性问题,保障公共物品的供给和改善信息不对称问题等,也就是解决市场失灵问题。(2)促进社会公平,一般认为,市场能够有效促进效率,甚至产生马太效应,恶化社会公平问题,这时需要政府适当的干预,采用诸如税收和政府转移支付等收入再分配政策缩小贫富差异,改善这个社会的收入分配状况。(3)维持宏观经济稳定。当经济困难在短期出现严重的萧条或过热,如1929—1933年的经济大萧条、2007—2008年的金融危机导致的经济衰退、20世纪90年代初的中国经济过热等,宏观经济出现这种"感冒"时,由市场机制自身去消解这病痛会是一个非常漫长的过程,并要承受严重的失业或通货膨胀,有时这种病痛是社会无法承受之痛。此时政府可以开出一些良方,通过扩张(或紧缩)财政政策或货币政策,或双管齐下,可以迅速药到病除。市场经济条件下政府的经济职能主要是为了弥补市场在某些场合资源配置功能的失灵或不足,因此,政府对经济的干预应当适度,不应当去插手本应由市场去做并且经过实践证明市场更能胜任的事务。在市场机制能够更有效发挥优化资源配置的领域，政府不应涉足，只有在市场失灵的领域才需要政府出面干预，而且这种干预的目的也仅限于促使市场机制功能的恢复，而非取代市场。

尽管我们强调由市场决定资源配置，但仍有需要政府发挥作用的空间。首先，政府的上述职能领域都是市场配置资源的功能失灵或不足的地方，有必要由政府出面干预。市场经济中，市场主体追逐的是自身利益的最大化，因此，垄断企业必然会破坏公平竞争，一些企业为了谋取更大私利会做出对周围环境不利影响的经济活动，一些企业或个人会制假售假，扰乱市场秩序，诸如此类，就需要政府采取必要措施予以管制或矫正，否则就会影响全社会的经济效率和福利。此外，市场机制必然造成贫富两极分化，市场也不可能向公众提供无利可图的公共物品，而这些都是现实存在的。其次，政府也有能力来担当这些职责。政府是国家公共行政权力的象征、承载体和实际行为体，它可以依法向全体公民征税和发行国债，举一国之力来向公民提供公共物品和各种公共服务、向低收入者提供补贴等；可以通过立法、司法对市场进行监管，惩治一切违法犯罪行为以维护公平竞争的市场秩序；可以通过财政政策和货币政策，熨平经济波动，保持宏观经济的稳定。

第三章

如何更好地发挥政府作用？

从配合市场决定资源配置角度来说，当前最重要的是简政放权。加快简政放权是转变政府职能、提高政府管理水平和效率的迫切要求。本届政府一开始就明确表示，要在现有1700多项政府审批事项的基础上减少1/3，这是一大利好。

与市场决定资源配置相适应，凡是市场机制能更有效调节的领域，应一律取消审批，而且要规范管理保留下来的行政审批事项，提高效率，直接面向基层。面广量大的、由地方管理更加有效的经济事项，一律下放给地方和基层管理，不再由中央有关部门管理。即使由地方来管理，也必须简政放权，减少行政审批程序。过去，事无巨细，都必须经由各级政府部门审批，严重束缚了市场主体的手脚，普遍存在"门难进、脸难看、事难办"的现象，并且使得掌握审批权限的各级政府部门千方百计设租寻租，滋生严重的腐败行为。某些部门甚至不留下"买路钱"就不予审批，钱权交易由此产生。由此可见，不是市场经济孕育腐败，而是政府对资源配置的权利大滋生腐败。简政放权,既有利于提高资源配置效率,又有利于斩断腐败产生的根源。

上海自贸区实行的"负面清单"管理模式,对简政放权有很重要的参考价值。"负面清单"管理模式是与"正面清单"管理模式相对而言的。"正面清单"管理模式即哪些项目可以投资,哪些不能投资,都得事先经过政府审批。"负面清单"管理模式是指除了清单上规定不能做的(负面的)以外,其他都可以做,不用政府事前审批,变事前审批为事中、事后监管。也就是说,对于市场主体是"法无禁止即可为",而对政府,则是"法无授权不可为"。这就划清了政府和市场的权利界限。该投资什么,怎么投资,是市场主体的事,用不着政府审批。但市场主体是否合法经营,是否公平竞争,应当服从政府的监管。"负面清单"管理模式与以往的行政审批模式相比有很大进步,过去,政府把行政审批视为宏观调控的有效手段,谁拿到政府批条,谁就能上马项目,就能拿到银行贷款。许多产能过剩、效率低下的项目就是这样"批"出来的,许多权力寻租、贪腐行为也是这样滋生的。

上海自贸区实行"负面清单"管理模式,实际上是以进一步开放倒逼进一步改革,以改革推动转型和政府职能转变。当初的改革开放战略也是这样倒逼出来的。应当指出,搞自贸区

第三章

试验,绝不是新瓶装旧酒,实行新的优惠政策来招商引资,其核心是制度创新而非政策优惠。过去我国各地纷纷上马开发区、工业园区,在招商引资中实施种种优惠政策,然而政策洼地(优惠)越多越大,越是阻碍生产要素的高效流动,阻碍市场配置资源的功能。这是因为不值得投资的地方和无利可图的项目有了特殊政策的照应,都可以成为赚钱的机会,资金和资源就会被吸引过去。实际上这是利用政策赚钱,形成不公平竞争,破坏市场配置资源的功能。上海自贸区的制度创新包括投资管理制度创新、贸易监管制度创新、金融制度创新等,重点是加快政府职能转变、创新管理模式、扩大服务领域开放、深化金融领域创新。

# 第四章

创新与发展:什么是引领未来的第一驱动力?

创新是经济发展的重要要素。新古典理论的"索罗余量",新增长理论的"技术进步"都可视为创新的衡量指标。熊彼特对"创新"进行了更直接的剖析,认为"创新"就是建立一种新的生产函数,"是企业家实行对生产要素的新的组合"。我们认为,"创新"还是"让生活更美好"的一点一滴,在"大众创业、万众创新"背景下,每个人都可能成为创新的主角。

创新还是引领大国崛起的第一驱动力，大国之争在根本上是创新竞争力之争。在中国经济"新常态下"，创新是助力供给侧结构性改革的重要动力。在未来的创新制高点竞争中，新科技、新产业的变革为中国提供了通过"新型雁行模式"实现赶超的机会。

创新，讲述了大国崛起的曾经故事，也将描绘大国崛起的未来格局。

创新是什么？

创新是国家经济发展的基石，创新能力是经济社会发展至关重要的动力。21世纪以来，世界各国尤其是发达国家纷纷把推动科技创新作为国家战略，我国也明确提出到2020年进入创新型国家行列的发展战略。

几千年来，中华民族以伟大的伟大创造精神和以"四大发明"为代表的创新成果，为人类文明进步作出了巨大的贡献。当前，我国经济发展进入新常态，现代化建设进入关键时期。我们既要在较短时间内走完发达国家上百年走过的工业化道路，又要在新一轮世界科技革命和产业变革中迎头赶上，这尤其需要依靠创新来支撑。习近平总书记强调："创新是民族进步的灵魂，是一个国家兴旺发达的不竭源泉，也是中华民族最深沉的民族禀赋"，正所谓"苟日新，日日新，又日新"。

从国际经验看，创新发展是大国崛起的重要主线，大国崛起之争关键在于创新竞争力之争。第二次世界大战后日本经济的奇迹和最近20多年美国新经济的兴起，都无可辩驳地验证

第四章

了创新的基石作用。有数据表明,美国第二次世界大战以来的经济增长有 75% 来自产业创新和技术革新。

经济学中的新古典理论、新增长理论都对"创新"进行了剖析。

在新增长理论产生之前,占正统地位的增长理论是索洛等人开创的新古典增长理论。新古典增长理论认为,经济的增长源自储蓄率、人口增长、技术进步等外生因素。产出的增长可分解为资本增加、劳动增加和技术进步三个来源。设经济的生产函数为 $Y=A(L,K)$,其中 Y、L、K 依次表示总产出、劳动投入量、资本投入量,A 代表经济的技术状况,又被称为全要素生产率。当知道劳动和资本在产出中份额的数据,并且有产出、劳动和资本资产的数据,则技术进步 $\Delta A/A$ 可以作为余量被计算出来,即"索洛余量"。经济学家认为,能影响经济增长率长期变动的因素可分为七个:(1)就业人数和年龄、性别构成;(2)包括非全日制工人在内的工时数;(3)就业人员的受教育程度;(4)资本存量;(5)资源配置改善;(6)规模经济的程度;(7)知识进步。其中,前四项可归结为生产要素的供给增长(前三项为劳动要素的增长,第四项为资本要素的增长);后三项是生产要素的生产率增长,也就是技术进步的贡献。

20世纪80年代中期，以罗默、卢卡斯等为代表的经济学家，在对新古典增长理论重新思考的基础上，提出了以"内生技术变化"为核心的"新增长理论"。新增长理论最重要的突破是将知识、人力资本等内生技术变化因素引入经济增长模式中，提出要素收益递增假定，其结果是资本收益率可以不变或增长，人均产出可以无限增长，并且增长在长期内可以单独递增。技术内生化的引入，说明技术不再是外生的、人类无法控制的东西，而是人类出于自身利益而进行投资的产物。新增长理论由很多模型组合而成，且各种模型在以下两个方面达成共识：内生技术进步是经济增长的决定因素，技术进步是追求利润最大化的厂商进行投资的结果；技术（或知识）、人力资本具有溢出效应，这种溢出效应的存在是实现经济可持续增长的重要条件（尹伯成，2012）。新增长理论十分重视技术进步、教育培训、人力资本、干中学、知识产权、劳动分工、创新精神等在经济增长中的决定作用，认为在长期内推动经济增长的正是这些因素。

新古典理论的"索洛余量"、新增长理论的"技术进步"都可以视为创新的重要衡量指标或具体表现。"创新理论的鼻祖"约瑟夫·熊彼特则对"创新"进行了更直接的剖析。1912年，约瑟夫·熊彼特出版了《经济发展理论》一书，提出了

第四章

"创新"及其在经济发展中的作用,轰动了西方经济学界。《经济发展理论》创立了新的经济发展理论,提出经济发展是创新的结果。熊彼特认为,创新就是建立一种新的生产函数,即把一种从来没有过的关于生产要素和生产条件的"新组合"引入生产体系。这种"新组合"包括5种情况:(1)采用一种新产品;(2)采用一种新的生产方法;(3)开辟一个新市场;(4)掠取或控制原材料或半制成品的一种新的供应来源;(5)实现任何一种新的企业组织形式。因此"创新"不是一个技术概念,而是一个经济概念;它是把现成的技术革新引入经济组织,形成新的经济能力,因此严格区别于技术发明。

回顾人类创新历史,创新还是"让生活更美好"的一点一滴。如中国的"四大发明",某种程度是劳动人民追求"让生活更美好"的成果。如造纸、印刷术、指南针是人类为了让文化传播、对外交流和市场开拓变得更加便利的发明;火药是人们为了追求人类美好愿望(试图发明长生不老的炼丹药)的副产品。再如,著名经济学家威尔·罗杰斯将人类有史以来的三大发明归纳为"火、轮子、中央银行"。今天看来,这三大发明分别解决了人类"食""行"和"交易"的需要,也有利于促进"生活更美好"。又如,科普作家史蒂文·约翰逊在其著作《人类如何走到今天:造就现代世界的六类创新》中总结了如下六类创新：与玻璃材料相关的创新、与温度控制相关的创新、与声音相关的创新、与清洁卫生相关的创新、与时间相关的创新、与光相关的创新。可以看出，"让生活更美好"也是实现这六大创新的重要动力。从人类创新历史看，在"让生活更美好"的美好愿望和点滴实践中，每个人都可能成为创新的主角。

第四章

大国崛起，有着怎样的创新足迹？

中央电视台大型历史纪录片《大国崛起》讲述了1500年以来葡萄牙、西班牙、荷兰、英国、法国、德国、日本、俄罗斯和美国等国家先后崛起的故事。这九个大国在崛起过程中，背后都有一种共同的力量推动其走向世界舞台的中央，这种力量就是"创新"——尽管不同国家的"创新"形态不尽相同，既有资源来源地创新、市场创新、科技创新，也有文化创新、制度创新和金融创新。

葡萄牙和西班牙的崛起，很大程度上取决于航海时代带来的地理大发现。绝大多数历史学家认为：1500年前后的地理大发现，拉开了世界上不同国家相互对话和相互竞争的历史大幕，是人类历史的一个重要分水岭。由此，大国崛起的道路有了全球坐标，人类的历史才称得上是真正意义上的世界史。现代经济学之父亚当·斯密曾经说过"美洲的发现和经由好望角抵达东印度的航线的开辟，是人类历史上最伟大、最重要的两件事"。葡萄牙和西班牙走在地理大发现的最前列。正是海上之路使两个国家摆脱了贫穷落后的境遇,并在全球竞争中获得先机,进而迅速登上大国崛起的中央舞台。

纪录片《大国崛起》指出:"航海家开辟的新航线成为欧洲控制世界的铁链。"正是利用从大西洋到印度洋的50多个据点,葡萄牙垄断了半个地球的商船航线,成为海上贸易第一强国。西班牙在美洲大陆上的掠夺则更加直接:据统计,到16世纪末,世界金银总产量中有83%被西班牙占有。地理大发现使伊比利亚半岛征服了海洋、获得了世界。但是,像潮水一样涌入的财富,几乎都用来支撑出于殖民扩张目的而进行的战争,而没有用于发展能使本国长期富强的工商业,更没有产生真正推动经济持续发展的科学创新、技术创新和金融创新。最终,在葡萄牙和西班牙,"流水一般涌入的财富又像水一样流走了"。

继葡萄牙和西班牙之后,荷兰登上了大国舞台的中央。17世纪,人口仅150万的荷兰是世界的经济中心、"海上第一强国"。荷兰成就的"小国大业",与技术创新、金融创新密不可分。荷兰人崛起的故事,是从鲱鱼开始的。14世纪时,小小的鲱鱼为1/5的荷兰人提供了生计。荷兰能在欧洲各国的鲱鱼捕捞业竞争中脱颖而出,一个重要原因是荷兰渔民威廉姆·伯克尔斯发明的只需一刀就可以除去鱼肠子的方法。这种方法使

第四章

　　加工后的鲱鱼可以保存一年多的时间，从而使荷兰的鲱鱼能够在全欧洲销售。这把小刀可谓荷兰崛起的第一大创新，使荷兰将鲱鱼这种几乎人人可得的自然资源转化为其独占的资本。

　　荷兰的第二大创新是建造出了一种制造成本低、船甲板很小、船肚子很大，因而运费低廉、利润高的商船。在很大程度上，正是这种设计独特的船只，使荷兰在海洋运输竞争中具有了优势，而赢得了"海上马车夫"的称号。

　　荷兰的第三大创新是商业模式创新与金融创新。与葡萄牙和西班牙依靠暴力进行赤裸裸的财富掠夺不同，荷兰选择了依靠商业贸易来积累财富，同时也积累了独特的竞争技巧和商业体制，创新进而渗透到经济组织形式和金融领域。1602年，荷兰联合东印度公司成立，它是世界上第一个联合的股份公司。通过发行股票、向全社会融资的方式，荷兰联合东印度公司成功地将分散的财富集中起来实现公司迅速扩展。与此同时，荷兰还创造了一种新的资本流转体制——1609年，世界第一家股票交易所诞生在阿姆斯特丹。此外，阿姆斯特丹银行也于1609年成立，它吸收存款、发放贷款，不但对荷兰的经济稳定起到了重要作用，而且发明了我们今天所说的信用。凭借上述金融创新，以及荷兰当时在全球贸易中的主导地位，荷兰盾成为国际贸易结算货币，阿姆斯特丹也成为世界金融中心。

回顾荷兰的大国崛起之路，可以说，生产工具创新（小刀）、技术创新（商船）、贸易金融创新（商业模式与股份公司、证券交易所、银行）三方面的创新，是荷兰迅速崛起的第一驱动力。

荷兰之后，英国成为大国的主角。英国的崛起之路，首先与文化创新、科学创新、制度创新有不解之缘。17世纪至19世纪中期，英国是世界科技创新中心，科学研究、技术发明和创新呈现出欣欣向荣的气象（王昌林等，2015）。在英国崛起的过程中，戏剧家莎士比亚的作品提升了英国的人文精神（文化创新）；科学家牛顿的力学定律开启了英国工业革命的大门（科学创新）；发明家瓦特改良的蒸汽机使人类进入蒸汽时代，促进了从手工劳动向动力机器生产转变的重大飞跃（技术创新）；经济学家亚当·斯密的《国富论》为英国设计了一个新的经济秩序，为自由市场制度创新提供了有力的理论指导（制度创新）。他们分别引领的文化创新、科学创新、技术创新、制度创新，形成推动英国工业革命的合力，从而推动英国走向大国舞台的中央。

与此同时，金融创新也是推动英国崛起的重要力量。英国最先建立了比较完善的银行体系。1694年，英格兰银行成立。

第四章

1821年，英国正式确立了金本位制。1844年，英国颁布了《英格兰银行条例》，使英格兰银行成为唯一能够发行英镑的银行。1872年，英格兰银行已经作为中央银行在发挥作用。19世纪70年代国际金本位体系最终形成后，英镑成为世界货币，亦成为国际结算中的硬通货，与黄金一起发挥着世界货币的功能。金本位的确立，加上英国经济贸易的迅猛发展，很快确立了英镑的霸主地位，世界货币进入了英镑世纪，伦敦成为世界金融中心。

继英国之后，德国也加入了大国行列。德国的崛起也与工业革命密不可分。德国于1871年实现统一，统一后的德国紧紧抓住第二次工业革命的机遇，经济飞速发展。德国崛起最为重要的一条，就是它高度重视对国民素质的培养，从而积累了人力资本，这是德国振兴的基础。在普及全民教育的同时，德国建立起教学与科研并重的现代大学。欧洲具有现代意义的大学（如由洪堡创立的柏林大学）出现在德国，为许多其他欧洲国家树立了榜样。正是凭借全民教育以及大学给德国带来的创造和发明，德国在19世纪引领了第二次工业革命，站在了世界科学技术发展的前沿。从1851年到1900年，在重大科技革新和发明创造方面，德国取得的成果达到202项，超过英法两国的总和，居世界第二位，仅次于美国。第二次世界大战后德国经济迅速恢复并长时期以较快速度增长，重要的原因在于德国特色的"社会市场经济"，系统连贯的创新制度环境，以及服务于科技和经济发展的现代国民教育体系，尤其是高水平、高质量的高等教育体系和先进的职业教育体系。此外，德国先进的大学教育和面向企业的职业教育"双元发展"模式，培养出大量的高素质的工程师和高级技工，从而促进了科技研发成果快速实现产业化、商业化（王昌林等，2015）。今天，德国是全球制造业中最具竞争力的国家之一，同时依然是世界上最重要的科技大国之一。世界经济论坛（WEF）公布的《2015—2016年度全球竞争力报告》显示，在全球144个国家和地区中，德国居全球竞争力第4位。2016年"彭博创新指数"根据7项综合指标对全球各国创新力进行排序，德国位于世界第2位。

此后，美国逐渐走向并占据了大国舞台的中央。美国的崛起首先得益于科技创新。过去的一个多世纪中，美国经济多数时期保持了持续、稳定的增长，最基本的动力就来自于科技创新。20世纪四五十年代以来，在原子能、电子计算机、微电子技术、航天技术、分子生物学和遗传工程等领域取得的重大突破，标志着科学技术的到来，这次科学技术在人类历史上被称为第三次技术革命。美国是这一轮技术革命的领航者。1946

第四章

年,世界上第一台计算机在美国宾夕法尼亚大学诞生,它的诞生预示着第三次工业革命即将来临。此后,美国成为全球科学研究和技术创新潮流的引领者,并一直保持到现在。据统计,美国研究开发(R&D)支出总量占全球的30%(2011年),世界前1%引用论文中,美国占46.4%(2012年),三方专利占全球的27.85%(2010年);知识产权贸易费用占全球的50%(2011年),知识技术密集型产业增加值占全球的32%(2012年)。全球诺贝尔奖得主近一半是美籍人,世界大学百强排名美国大学占到一半以上(王昌利,2015)。今天,它在科研和开发上的投入仍居世界首位,相当于最富裕的西方七国的总和。

美国的崛起,同样也离不开金融创新。(1)华尔街的推波助浪。美国建国之初,"金融之父"汉密尔顿于1784年成立了纽约第一家银行——纽约银行,这成为华尔街金融历史的开端。1792年,在汉密尔顿主导下,美国开始发行国债,这也是华尔街从事证券交易的开始。此后,在美国变革的很多关键环节中,华尔街都参与其中:从汉密尔顿的金融计划,到19世纪伊利运河和铁路建设的融资,以及在美国内战中通过发行战争债券等方式帮助联邦政府融资。华尔街还在20世纪美国科技的腾飞中发挥了巨大作用,今天的华尔街主导建立了全球

14万亿的资本市场。（2）美元作为世界中心货币地位的确立。二战后期，世界政治经济格局发生巨大变化，美元的国际地位因其国际黄金储备的实力而得到稳固，美国通过《布雷顿森林协议》建立起了以美元为中心的国际货币体系，使美元成为世界第一的国际储备货币。此后，凭借已有的金融市场基础与文化，加上美元的世界中心货币的地位，华尔街进一步巩固了世界金融中心的地位。可以说，美元与华尔街"双轮驱动"，使美国在国际金融领域拥有霸主地位。（3）纳斯达克市场和风险投资，成为美国高科技产业的加速器。例如，1986年，微软在纳斯达克挂牌上市。公司创始人比尔·盖茨拥有大约45％的股份，那一年他以拥有3.15亿美元财富进入《福布斯》富豪榜。微软在20世纪80年代中期上市，具有革命性，在资本的支持下，一股学生创办公司的风潮引领了互联网时代的到来，纳斯达克也成为创业者的希望。今天，美国的创新能力在全球尤其突出：在世界知识产权组织（WIPO）发布的2015年《全球创新指数报告》中，美国是世界上最具创新力的五个国家之一；在航天、生物、新能源、人工智能等众多科技领域，美国是公认的领航者；美国企业的创新能力在全世界更是遥遥领先，微软、苹果、谷歌、脸书、英特尔等都处于同行业技术创新的最前列。

第四章

日本在大国舞台中也占有重要一席。日本的崛起与引进吸收再创新,并使创新成果市场化、产业化密不可分。日本之所以能在19世纪末实现崛起,其关键的因素是大胆引进和吸收西方先进技术使之本土化,同时大力培育人力资本,进而在亚洲率先建立起近代产业体系,实现了经济和军事实力的快速提升。第二次世界大战后,日本经济濒临崩溃的边缘,但再次通过大量引进国外先进技术,并在消化吸收基础上实现再创新,同时注重教育与人力资本投资,形成强大的科技创新能力,从而迅速实现崛起(王昌林,2015)。

大国创新之路有哪些共同规律？

1. 创新是大国崛起的重要驱动力。通过对上述大国崛起的简单回顾，我们容易看出其中的创新主线。一国要崛起并持续保持大国地位，主要是依靠科技创新、制度创新、金融创新等（如英国、德国、美国、日本），而不能单纯依靠自然资源，也不能靠殖民掠夺（如地理大发现时代的葡萄牙、西班牙）。

2. 创新成果转化和创新同等重要。一方面，科技创新等传统意义的创新是一国创新竞争力的重要基础。英国、德国、美国、日本等先后具有世界性影响的大国，无不是以强大的科技创新能力为支撑的。另一方面，创新具有丰富的内涵，还应包括创新成果的转化，如将创新成果转换成社会价值并实现大规模商业运用，即具有将"纸"变成"钱"的能力。例如，尽管在19世纪中后期和20世纪，英国在科技领域取得了一些重大突破，如产生了白炽电灯、电话、电磁波、雷达系统、青霉素、电视、喷气式发动机等一批重大技术发明，但由于这些成果没有实现大规模的商业化应用，因此并没有成为推动本国经

第四章

济发展的强劲动力。相反,美国成功将英国率先实现的这些技术发明实现了大规模产业化、商业化,进而成功实现了经济反超。日本在第二次世界大战后把科技创新的重点放在应用研究和产品与工艺的开发,实现科技成果的大规模商业运用,从而推动了本国经济快速发展(王昌林等,2015)。

3. 结合自身国情和发展阶段,采取适合本国的创新模式非常重要。科技创新模式可分为两种类型:一种是技术追赶型模式,以日本在20世纪中期经济高速增长阶段的做法为代表,强调依靠引进技术并消化、吸收、再创新加快技术进步,以大企业为主导,构建产学研合作机制,迅速突破重大核心技术和实现产业化;另一种是技术领跑型模式,以美国从第二次世界大战后至今的做法为代表,强调不断构建和保持在全球创新中的全面领先优势(王昌林,2015)。以上两种模式各有优势,从历史经验看,对于崛起的后发国家来说,通常可更多地采取技术追赶型模式;而当一个国家拥有和掌握世界先进技术后,是否能成功实现从技术追赶型模式向技术领先型模式的转型,是其能否保持全球领先地位的关键。例如,英国在成为全球创新领域的领跑国家后,由于未能持续、成功地向技术领跑模式转型,其全球领先地位被削弱。而美国自20世纪以来,一次又一次地实施了技术领跑(包括第二次世界大战后的第三次科技革命，20世纪90年代的互联网技术，新世纪以来的页岩油、页岩气、新能源等技术创新），在创新领域持续领先，从而使美国能一直在全球综合实力方面保持领先地位。

4. 世界科技革命和产业大变革通常是新兴大国崛起的重要历史机遇。例如，19世纪70年代，世界进行第二次工业革命，极大地推动了社会生产力的发展，对人类社会的经济、政治、文化、军事、科技和生产力产生了深远的影响。在第二次工业革命影响下，主要资本主义国家力量对比发生变化，世界大国格局发生调整。英法等老牌资本主义国家发展相对缓慢，而美德等新兴资本主义国家抓住机遇实现迅速发展，到19世纪末20世纪初，工业产值超越英法分别位居世界第一、第二位。20世纪40年代以来，美国有力把握第三次工业革命的契机，全面奠定了其在全球科技领域的领先地位。可见，工业革命和科技革命也是世界大国格局调整的重要时机。

→ 第四章

创新需要怎样的生态环境?

创新的生态环境,是在整个创新链中影响创新活动的一系列环境,是一个包含法律制度、创新文化、配套服务、创新人才引进政策、城市生活环境等诸多因素在内的综合概念。具体包括创新法规体系、创新金融体系、创新服务体系、创新成果转化体系等。良好的创新环境是创新的沃土,如美国的硅谷有发达的风险投资与包容失败的创新文化,印度的班加罗尔侧重创新活力的国际化营商环境(闫彦明,2015),以色列的特拉维夫则是以良好的生态环境为依托建设科创中心的典型案例。在创新生态环境的各要素中,制度激励与金融支撑犹如推动创新的一对翅膀。

1. 激励创新的制度,是创新的根本保证。回顾历史上大国崛起的创新之路,创新的重要前提是建立一套比较完善的激励创新的制度,这些制度中最有代表性的是专利保护制度。专利制度是将聪明才智纳入实用轨道的重要机制。例如,早在1624年,英国就已经明确规定把专利权授予最早的发明者,专利权的对象是新创工业领域中的最新发明,专利年限在14年以内。对技术创新的激励机制,对英国发展影响深远。今天,作为制定了世界上第一部专利法的国家,英国依然将科技创新战略作为国家发展战略,并在全球高新产品生产国中位列第四。又如,美国是第一个将保护知识产权写进宪法的国家,这极大地调动了发明创新的积极性。林肯认为,"专利制度是在天才的创造火焰中添加了利益的燃料"。

2. 激励创新的金融支撑手段,是创新的重要推进剂。包括支持创新的间接融资手段(科技贷款等)、直接融资手段(资本市场的创新创业板块、风险投资、私募股权投资等)、保险业作用机制(科技保险、信贷担保等)、互联网金融作用机制(P2P、众筹模式等),此外还有政府支持手段(如政府的公共财政投入等)。在激励创新的金融手段中,风险投资尤其具有代表性。以美国为例,美国具有世界上最发达的风险投资市场,其风险投资的资本金额相当于GDP的1%,接受风险投资的企业贡献了11%的GDP(李俊霞,2013),可见,风险投资无疑是科技型企业融资的重要渠道。根据2thinknow公布的《2015年创新城市排名》,旧金山、圣何塞的风险投资额达到107.64亿美元,占全球风险投资额的19%。

第四章

今天谁是创新的主体？

在今天，人们认为企业和企业家是创新的主体。一个企业不一定要变得更大，但它必须经常变得更好，企业追求的是能够永续经营、基业长青，因此必须要持续地创新。熊彼特指出企业家这一要素是最重要的要素，认为"企业家是创新的灵魂，企业家精神的核心就是创新"。熊彼特认为，只有企业家实现创新，"创造性地破坏"经济循环的惯性轨道，推动经济结构从内部进行革命性的破坏，才有经济发展。例如杰克·韦尔奇担任通用电器的 CEO 长达 20 多年，创造了通用电器的辉煌，他因此被人们称为"天下第一 CEO"，有力地作证了企业家是创新最主要的主体（金东寒，2015）。

与此同时，大学成为创新的又一重要主体。探究美国 20 世纪 60 年代以来的若干次重大科技进步的原因，可以发现正是一批美国一流大学在其中发挥了创新源泉的关键作用。例如，被称为"航天引擎"的加州理工学院推动了航天科技的快速发展，被视为"极客天堂"的麻省理工学院引领了电子科技的发展潮流，被誉为"硅谷基石"的斯坦福大学奠定了软件科技发展的基础，被评为"最具创新力公立大学"的华盛顿大学等助推了互联网科技的跨越腾飞。如今，以麻省理工学院、芝加哥大学为代表的一批美国一流大学，正在推进新一轮高科技产业的蓬勃发展……历史一再证明，大学是国家和社会创新发展的引擎和源泉（张杰，2016）。

此外，我们认为，"创新"就是"让生活更美好"的一点一滴。在我国"大众创业、万众创新"的背景下，每个微观的个人都能以不同的方式进行创新，每个人都可能成为创新的参与主体。

第四章

创新如何助力供给侧结构性改革?

2015年底召开的中央经济工作会议,强调要着力推进供给侧结构性改革,推动经济持续健康发展。"创新"是五大发展理念之首,如何将创新贯穿于供给侧结构性改革的全过程,成为我国新形势下面临的重大课题。

推进供给侧结构性改革,就是要通过改革使供给适应市场需求的变化。在供给要素中,除了物质要素投入外,还有技术、结构、效率、制度等要素。在传统的要素数量无法增加的情况下,经济发展的主要驱动力来源于创新基础上的效率提高。供给侧结构性改革的"三大发动机"——制度变革、结构优化、要素升级,其核心都是创新(尤权,2016)。今天,我国在物质资源和低成本劳动力方面(如随着人口老龄化,2012年我国16周岁以上至60周岁以下的劳动年龄人口出现拐点;2015年我国劳动年龄人口为91096万人,比上年末减少487万人,这是中国劳动力人口连续第4年绝对量下降)的供给推动力逐渐消退时,全要素生产率的提高可在很大程度上弥补要素投入的不足，创新驱动、结构调整、提高效率都可以成为新的供给推动力（洪银兴，2016）。可以说，供给侧结构性改革，本质上就是一次重大的创新实践。创新将从"产品创新、市场创新、制度创新、文化创新"等四个维度推动供给侧改革。

1. 产品创新能够提高传统产业的供给质量，更好地适应市场需求的变化。对于一个企业来说，核心竞争力主要取决于产品创新能力。通过技术创新、生产工艺创新不断提升产品的差异化水平，降低生产成本，为企业创造价值，提高企业的市场竞争力。供给侧结构性改革就是要解决供给大于需求、传统企业库存严重的问题，通过产品创新，一方面可以满足消费者个性化的需求，打开需求端，另一方面可以改善原有产品重产量轻质量的问题，做到精细化生产。因此，从供给侧入手，通过技术、工艺、产品等创新，传统企业才能从容地应对困境。

2. 市场创新能够发掘和形成新的增长点，在"互联网＋"时代占据先机。在互联网信息时代，电子商务的蓬勃发展渐渐取代了传统线下的销售模式。在这样的大环境下，传统企业若不能跟上时代潮流，继续坚守传统线下的销售渠道将很难打开市场。因此，供给侧改革也要求现有企业进行市场创新，紧紧抓住"互联网＋"时代的契机，从线上线下两个维度大力开发销售渠道，打开需求市场，形成新的利润增长点。

第四章

3. 制度创新能够提高产品生产效率、降低成本,从而提高产品竞争力。制度创新,是高效地将产品或者技术转化为商业价值、将"纸"变成"钱"的重要手段。企业的制度性因素包括内部战略、产权、组织、管理等,其中企业战略是总体导向,产权制度保障了权利边界清晰,组织制度为企业创造良好的运作环境,管理制度确保企业的运作效率。通过创新性的制度安排,企业可以更好地贴近市场,了解顾客,迅速反应,提高从技术创新向商业价值转化的效率,从而提高企业竞争力,推动企业成长。

4. 企业文化创新能够使产品增加文化元素,切合消费者的需求,从而使供给质量升级。企业文化创新是一个长期渐进的过程,也是现代企业发展的重要推动力。企业文化作为企业经营战略和组织制度在精神层面上的反映,是企业管理者和员工共同遵守和信奉的准则,是规范其行为的内在约束力,是企业不断进行创新活动的根基。企业的文化创新能拓宽思维、活跃思维,带来全新的观念和思想,可以不断为企业的产品增加新的文化因素,从而更好地切合消费者的个性化需求。

创新之争，未来路在何方？

当今，新一轮科技革命和产业变革加速，并形成新的生产方式、产业形态、商业模式和经济增长点。各国都在加大科技创新力度，推动 3D 打印、移动互联网、云计算、大数据、生物工程、新能源、新材料等领域取得新突破。智能制造正在引领制造方式变革；人工智能、机器人、具有生物特征的密码工具（如智能家居、物联网、传感器以及智能穿戴）等引人注目。以美国为例，2009 年奥巴马总统首次颁布了《美国创新战略》（New Strategy for American Innovation），确保美国持续引领全球创新经济、开发未来产业以及协助美国克服经济社会发展中遇到的重重困难。2015 年 10 月，新版的《美国创新新战略》出台，重点强调了以下九大战略领域：先进制造、精密医疗、大脑计划、先进汽车、智慧城市、清洁能源和节能技术、教育技术、太空探索和计算机新领域。

人工智能是这一轮科技革命中最引人注目的技术创新之一。人工智能，是在计算机科学、控制论、信息学、神经心理

第四章

学、哲学、语言学等多种学科研究的基础上发展起来的一门综合性的边缘学科，在当前被人们称为世界三大尖端技术之一。人工智能自1956年由美国计算机专家约翰·麦卡锡首次提出以来发展迅猛，是人类20世纪最伟大的科学成就之一，其作为一项新的科学技术受到了广泛的关注。人工智能在问题求解、专家系统（ES）、机器学习、神经网络、模式识别及人工生命等领域都得到了广泛应用。正因为人工智能技术的发展，使有些人类自身根本无法进行的任务交给智能机器来完成。例如，2012年8月6日，美国"好奇"号火星探测器成功登陆火星，这是迄今为止最大的火星探测车，而且还安装了可提取岩石内部样本的工具和分析仪器。可以说，携带野外考察必备工具的"好奇"号简直就像一个野外地质学家，可以独立运行独立工作。又如，在2016年3月9日至15日结束的人机围棋大战中，谷歌旗下的人工智能围棋程序"阿尔法围棋"（AlphaGo）以总比分4比1战胜人类代表李世石，展现了机器和程序也具备了像人一样思考和判断的能力。这次比赛的胜利，是人工智能发展史上又一个具有重要意义的里程碑，预示着新一轮产业创新与变革的到来。

新能源是本轮科技革命中又一重大技术创新，互联网与新能源的融合则是一个重要发展方向。杰里米·里夫金在其著作

《第三次工业革命》中指出:"第二次工业革命已经日薄西山,工业排放的二氧化碳正在威胁世界上所有生物的生存。新能源革命在使商业贸易的范围与内涵更加广阔的同时,结构上更加整合。相伴而生的通信革命则为对新能源流动引发的更加复杂的商业活动进行有效管理提供了有力工具。现在,互联网技术与可再生能源即将融合,并为第三次工业革命奠定一个坚实的基础。这一革命无疑将改变整个世界。"

将物联网和智能服务引入制造业是本轮创新的一个重要趋势。德国于2013年4月正式提出"工业4.0"战略。"工业4.0"是指利用物联信息系统将生产中的供应、制造、销售信息数据化、智慧化,最后达到快速、有效、个人化的产品供应。有学者认为,"工业4.0"概念将引导以智能制造为主导的第四次工业革命。目前,"工业4.0"已在全球范围内引发了新一轮的工业转型竞赛,为了应对去工业化,其他大国也将物联网和智能服务引入制造业。如美国推出"先进制造业国家战略计划"、日本推出"科技工业联盟"、英国推出"工业2050战略"等。

而中国制造业的顶层设计——《中国制造2025》也已于2015年推出。《中国制造2025》明确了9项战略任务和重点,提出通过政府引导、整合资源,实施国家制造业创新中心建

第四章

设、智能制造、工业强基、绿色制造、高端装备创新等五项重大工程。此外，为迎接新一轮科技革命和产业变革，推动互联网由消费领域向生产领域拓展，我国还提出了"互联网＋"战略（国务院于2015年7月发布《关于积极推进"互联网＋"行动的指导意见》），规划了"互联网＋"的"11项行动计划"。

创新路上新兴国家能否领跑？

当前，新一轮科技革命和产业革命正在孕育兴起，为我国实现技术追赶、局部领域实现技术领先提供了难得的历史机遇。新一轮科技革命和产业革命的内容，主要集中在新一代信息网络技术、生物、新能源、新材料、智能制造等领域。这些领域，既有各国竞争位势初步分出高低的成熟领域，又有各国基本处于同一起跑线的新兴领域。第五章第一小节讲述日本的"雁行模式"产业发展的经验。我们认为，在此背景下，新兴国家可以通过创新的"新型雁行模式"实现部分新兴创新领域的领跑。

"新型雁行模式"具有两方面内涵。一方面，包括成熟技术领域的"人字形雁阵"，技术发达国家是"领头雁"，新兴国家是"跟随雁"，新型国家可采取跟随战略，依次走模仿创新（引进技术的消化吸收再创新、实现技术的大规模商业化运用）、集成创新、自主创新之路。在崛起初期，作为技术追赶型国家，从引进模仿到自主创新是一个国家科技创新能力建设

第四章

的可行路径。另一方面,包括新兴技术领域的"一字型雁阵",新兴国家与发达国家处于同一起跑线上,新兴国家可以充分发挥自己在人力资本、市场、制度等方面的优势,聚焦关键领域,并努力在该领域率先实现技术突破,成为新兴技术领域的"领头雁"。

中国正处于在全球创新领域快速进步、不断突破的关键时期。2016年5月31日,习近平总书记在全国科技创新大会、两院院士大会、中国科协第九次全国代表大会上的讲话(《为建设世界科技强国而奋斗》)中指出:"经过新中国成立以来特别是改革开放以来不懈努力,我国科技发展取得举世瞩目的伟大成就,科技整体能力持续提升,一些重要领域方向跻身世界先进行列,某些前沿方向开始进入并行、领跑阶段,正处于从量的积累向质的飞跃、点的突破向系统能力提升的重要时期。"我们认为,从创新的赶超路径看,对当前的中国:一方面,在世界已经比较成熟的技术领域,我们可以发挥后发优势,通过大规模的商业运用走技术追赶型道路,将创新技术转化成社会成果;另一方面,在世界各国处于同一起跑线的新兴领域,我国完全可以发挥人力资本资源、国内市场规模、基础设施建设、科技教育发展和资源动员能力等方面的优势(如航天、高铁、家电等领域的创新技术,以及创新技术转化成商业价值和社会价值的能力），实现新兴技术的率先突破，成为新兴技术领域的"领头雁"。

回顾历史，创新是引领大国崛起的第一驱动力，大国国力之争在根本上是创新竞争力之争。展望未来，在创新制高点竞争中，新科技、新产业变革为中国提供了通过"新型雁行模式"实现创新赶超的机会。

创新，讲述了大国崛起曾经的故事，也描绘了大国崛起的未来格局。"创新"，还是"让生活更美好"的一点一滴。在"大众创业、万众创新"背景下，企业家、大学，我们每一个人，都可能成为创新的主角。

第五章 转型与升级：如何提升我国的产业能级？

近年来，中国经济增速放缓，产业面临转型，昔日持续高速发展的风光似已不再。调动全社会资源，发现比较优势，对传统过剩产能加以淘汰或升级，并扶持符合现代经济特征的新兴产业的发展，成为当前中国跨越"中等收入陷阱"、跻身高收入国家的必由之路。为成功实现产业升级，我们需要充分认识到现有产业结构存在的不足，积极开拓新的产业投资点，辅之以有所为有所不为的功能型产业政策，实现我国产业结构成功迈向高端化。

与其他后进经济体的发展历程一样，中国经济快速增长的一大特征在于成功实现二元经济结构转换。工业和服务业获得了长足发展，这从根本上改变了农业占据主要地位的历史特征。然而，近年来中国经济增速放缓，产业面临转型，昔日风光似已不再。调动全社会资源，发现比较优势，对传统过剩产能加以淘汰或升级，并扶持符合现代经济特征的新兴产业的发展，成为当前中国跨越"中等收入陷阱"、跻身高收入国家的必由之路。

后进国家应当选择怎样的赶超战略?

后进国家经济发展的本质是产业交替和轮动发展。如果一国能够在相应时期找到适合本国经济发展阶段和要素禀赋的产业,并以此为基础实现产业发展的更替和转型升级,就能为该国的经济发展提供持续不断的推动力。在此方面,有没有一些国际经验可供中国经济转型和产业升级借鉴参考呢?答案是:有。日本学者根据第二次世界大战前后日本工业发展实践总结出来的"雁行模式"产业发展理论,对于后进国的产业发展就有着较强的指导意义,下面我们将对其做一介绍。

1932年,根据日本在第二次世界大战前的棉纺工业发展经验,日本一桥大学经济学教授赤松要在《我国经济发展的综合原理》一文中针对发展中国家的产业发展路径提出了著名的产业发展"雁行模式"。赤松要以日本棉纺产业的发展为例,刻画了日本工业生产从低端向高端渐进式发展的经历,在这个过程中对外贸易和进口替代发挥了重要作用。第一步,日本的出口品主要集中在消费这一块,包括丝绸、棉纱和棉布等。日

第五章

本通过出口这些产品来获得收入,进口来自其他经济发达国家的棉纺用机器设备,实现日本棉纺产业的机械化;第二步,日本的生产目标瞄准了从其他国家进口的棉纺用机器设备,通过国内产业化这些机器设备,日本的生产装备产业也得到了长足进步,进而带动了与生产装备业相关的产业,如钢铁、机电等产业。在前期的棉纺品出口贸易中,日本获得了外汇,这让其能够使用这些外汇购买国外技术。通过学习和推广这些技术,日本工业逐步拥有了属于自己的研发体系与技术核心力量。赤松要将日本棉纺产业的发展经验进行了总结,他认为该产业的发展历程结合了该国的要素禀赋,通过创造市场条件,扩大棉纺业的市场规模从而降低了棉纺品的生产成本。由此,日本得以充分发挥欠发达国家的低成本优势,使其棉纺产品在国际市场上拥有较强的竞争力,一举扭转棉纺品贸易逆差,一方面得以开拓国际市场,另一方面也积累了大量外汇,为日后产业升级和技术获得做了充足的资金准备。

根据不同产业之间的共性,日本棉纺业的发展经验可以合理地推广到日本其他产业。赤松要认为可将其应用于后起国某一特定产业产生、发展的过程,主张处于工业化初期的国家应当按照"从国外进口—发展国内生产—促进出口贸易"这一路径,促成该国要素密集度不同的产业的交互式发展。具体而言,在工业化初期阶段,经济发展水平和技术落后的发展中国家需要向发达国家开放某些工业品市场。当这些工业产品的国内需求累积到一定水平时,就为本国生产该种产品准备了基本的市场条件和技术条件。从而国内企业得以逐步掌握该行业的生产技术,通过资源和劳动力的成本优势占领国内市场,并实现该产品的出口,达到了经济发展和产业结构升级的目的。如果把这一过程绘制成曲线,以横坐标表示年份、纵坐标表示产量,这三个阶段就如三只大雁在天空中不同位置飞翔。处于排头兵位置的大雁对应于进口阶段。在这个阶段,该国处于工业化初期,经济发展水平很低,产业结构落后。此时如果该国实施开放战略,将会导致外国生产的产品轻易占据本国市场的局面。处于中间位置的大雁对应于国内生产阶段。经过第一阶段的发展,国内市场得到了激发,市场逐渐具备了一定规模。进口产品的涌入为本国企业学习和模仿这些产品的生产创造了条件。同时,经济落后国家得以发挥自身在劳动力价格、原材料价格等方面的优势,生产规模从而进一步扩大,对国外进口的依赖逐步减少。最后一只大雁描述的是出口阶段。国内生产规模的不断扩大,加上本国成本优势、对国外生产技术的消化吸收、生产管理水平的不断提高,落后国生产的产品开始在国际市场上与其他国家生产的产品竞争,并占据较大的优势,因此

第五章

不仅不需要从国外进口产品，反而开始大举占据外国市场。

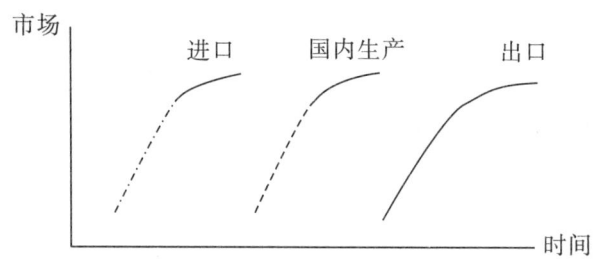

由赤松要提出的雁行模式较好地地刻画了经济落后国家赶超经济发达国家的产业发展战略。相对于欠发达国家而言，经济发达国家拥有高技术水平产业，并总是率先实现产业升级。但是，如果经济落后国家能根据自己的比较优势，订立有利于发展符合该比较优势的产业发展战略，并在经济全球化中找到合适的位置，尽早融入全球化进程，就有可能获得后发优势。在这一过程中，经济落后国家能够通过对内发展优势产业、对外参与国际分工的模式，循序渐进地实现产业轮动，扩张生产能力，与经济发达国家的已有产业形成竞争之势。假如经济落后国家能够找准自身比较优势，并且在适当的时机发展合适的产业，那么就有可能通过上述步骤在较短的时期内使本国工业发展实现起步，并快速实现产业轮动和产业升级，最终完成经济发展所需的资本积累和技术进步。通常认为,在经济落后国家中,如果要成功实现雁行模式,首先要专注于发展符合劳动密集型特征的消费品行业,之后随着资本的积累和市场的扩大,产业发展从消费品行业转移至机械设备等资本密集型产业,再往后,全部制造业都会出现雁行发展的格局。

不过,随着亚洲四小龙、东盟各国和中国经济的相继崛起,雁行模式的格局发生了变化。这主要是因为,该模式以贸易范围内各国产业发展存在不同阶段的差异。但是,当产业发展阶段的差异发生变化,产业差距日益缩小,地区间发展处于同一发展层次的经济体在对外出口上的竞争加剧后,客观上就造成了"雁行模式"的逐渐变化。总体而言,东亚各国或地区内部的产业水平分割发展模式替代了之前较为严格的梯度差别格局。近年来,日本和亚洲四小龙跨国企业建立了一体化的跨国跨区域生产模式,在同一企业内部实现了设计研发、生产、销售以及维护等在本地区甚至在全球范围内的分布。这有利于发挥不同国家或地区的比较优势,在跨国范围内实现资源的优化配置,最大限度降低成本。在这样的生产模式下,强调单个经济体作用的"雁行模式"将逐步为强调多个经济体相互竞争合作的"雁群模式"所代替。

随着不断融入全球化进程,中国经济的发展已经跨越了雁

→ 第五章

行模式的第一个阶段,即依靠成本优势扩张国际市场。但是,如果不在此基础上继续挖掘经济增长潜力,实现技术进步和产业升级,那么中国在接下来的全球竞争中将难以分得一杯羹。当前,中国经济正处于雁行模式的第二或第三阶段,迫切需要寻找新的产业增长点,培育新的比较优势,并获得一些重点领域的优势地位。

中国产业发展有怎样的特征？

改革开放30余年来，中国的产业发展战略较以前发生了很大变化，由原来的进口替代转变成寻求比较优势的出口导向战略，这使得中国产业整体发展格局得以符合"雁行模式"的描述。中国的各类产业，尤其是工业和服务业均取得了快速而巨大的发展，既为中国经济的增长作出了巨大贡献，也深刻地影响了世界经济发展格局。中国产业发展现状存在以下特征：

1. 三次产业结构发生了重大变化，第一、二、三产业比例发生根本性改变。新中国成立初期，中国产业结构基本上以农业为主。1952年，第一产业增加值占国内生产总值比重为50.95%，第二产业增加值占比为20.89%，第三产业增加值占28.16%。其中，第一产业就业占比为83.5%，第二产业就业占比7.4%，第三产业就业占比9.1%。改革开放以来，中国政府在产业结构调整方面做出了数次调整，如从重视调整农业、轻工业和重工业之间的比例关系，到大力促进第三产业发展，使三次产业结构实现了优化升级。1952—2014年，第一

第五章

产业增加值占国内生产总值的比重由50.1%降至9.2%；第二产业增加值占国内生产总值的比重由20.8%上升到了42.6%，翻了一倍；第三产业增加值占国内生产总值之比由28.2%上升到了48.2%，提高了20个百分点。

2. 中国制造业增加值在2008年跃居世界第一，并保持这一地位至今。国际货币基金组织公布的统计数字显示，在1990年到2009年之间，全球范围内的制造业增加值由4.6万亿美元增加到9.7万亿美元。在这段时期内，美、日、德、法、英等经济发达国家的制造业增加值绝对额有所增加，但是这些国家制造业增加值占全球制造业增加值的比例却均有不同程度的下降。然而，与上述发达国家制造业占比下降形成鲜明对比的是，中国制造业实现了在规模上赶超主要发达经济体。1990年，中国制造业增加值为1450亿美元，远低于这些经济发达国家，只占全球制造业增加值的3.15%。然而只过了三年，就超过了法国和英国。2006年，中国制造业增加值突破万亿大关，超过日本，位居全球第二。之后仅仅过了两年，中国制造业增加值就超过美国跃居世界第一。自1895年以来，美国将制造业增加值全球占比第一的纪录保持了110多年。根据武汉大学研究报告提供的数据，2014年，中国制造业增加值占全球比重接近25%。可以预计，在今后较长的一段时期内，中国制造业规模将稳居世界第一。

3. 以服务业为主的第三产业取得了长足发展。改革开放以来中国服务业实现了较快发展，规模不断扩大，吸纳就业能力不断提高，质量水平也不断提升，对经济社会发展的支撑和带动作用明显增强。1978—2014年，服务业增加值每年的平均增速超过10%，高于同期中国国内生产总值的平均增长速度。1982—2014年的32年间，服务贸易出口增速约为全球平均水平的两倍。2007年，服务业增加值首次超过了工业增加值，2011年服务业成为第一大就业行业，2013年服务业增加值占国内生产总值的比重也首次超过了第二产业。北京、上海等省区市也都形成了以服务业经济为主的产业结构。这些新的变化标志着我国产业结构调整取得了重要成效。

4. 高新技术产业增长较快。虽然与欧美等发达国家相比，中国的高新技术产业发展总体还显得落后，但是已经显示出一些后来居上的迹象。在诸如国产芯片、大型计算机、生物医疗技术等方面，中国近年来已经有突破性的领先技术出现。此外，中国高新技术产业的全球化步伐也不断加快。目前，中国有多家高科技企业在国外设立了分支机构和营销网络，通过对外直接投资的方式绕过贸易壁垒，在全球范围优化配置资源，在更广阔的范围内参与全球竞争。目前，国际国内的环境都为

第五章

我国高新技术产业发展提供了良好的便利条件。(1) 就国际环境而言,尽管2008年发生的经济危机给全球化进程带来了冲击,但是全球化的趋势并未出现根本性逆转,资本和技术在全球范围内竞争和流动的属性没有发生本质变化,这一要素在全球范围内配置的基本特征为中国高科技企业参与全球分工和竞争创造了有利条件。(2) 从国内环境看,近年来中国经济增速放缓,之前在经济增长中起到支撑作用的产业,如钢铁、煤炭、水泥等面临产能过剩,即便是属于高新技术产业的风电、多晶硅等也出现了局部产能过剩现象。在这一背景下,中国产业结构调整面临多重挑战和机遇,一方面需要通过拓宽市场和投资区域,积极化解产能过剩,另一方面也要把握产业升级的方向,力求为高新技术产业参与国内国际竞争提供支撑。(3) 中央和地方各级政府出台了多项产业发展战略和政策措施,从战略与操作层面为高新技术产业的发展提供支持。以高铁产业为例,2014年底,我国高铁运营里程数为1.6万公里,铁路总里程数为11.2万公里。2015年我国高铁预计新建里程为2000公里以上。根据国家批准实施的《中长期铁路网规划》,到2020年,我国将新建高速铁路1.6万公里以上,形成以"四纵四横"高铁为主骨架的快速铁路网。

中国产业发展和结构中存在哪些问题？

中国的各类产业均不同程度得到了发展，但同时也存在一些不容忽视的问题。尤其是 2008 年世界金融危机以来，全球经济格局发生了深刻变革，给中国经济及产业结构调整带来了新的挑战。作为当前世界第二大经济体，中国的开放型经济在经济全球化链条上处于重要一环，它所面临的转型升级任务也显得迫在眉睫。具体而言，中国产业结构存在以下迫切需要解决的问题：

1. 产能过剩。随着近年来我国城市化进程与基础设施建设逐步完善，全球经济放缓等引发需求萎缩，此前急速扩张并拉动中国经济的传统行业产能过剩现象开始显现并日渐严重，其中煤炭、钢铁等行业尤为明显。所谓产能过剩，简言之，就是经济学当中的供过于求。从微观上来理解，产能过剩是指在一定时期内，给定技术条件下，企业使用各种生产要素生产出来的产品数量超出了市场需求或购买能力。当前，中国经济中的钢铁、水泥、电解铝、平板玻璃等产能严重过剩，在工信部

第五章

公布的工业行业淘汰落后和过剩产能企业名单中,钢铁、水泥、电解铝等行业一直都是重点提及对象,而光伏和风电被移出产能过剩行业。

产能过剩给经济发展带来的影响无疑是负面的:(1)产能过剩导致企业库存积压,会造成企业无法偿还银行贷款或企业债券违约事件频发,这会引发银行不良资产率和坏账水平上升,加大整体金融运行的风险。(2)产能过剩意味着供过于求,产品价格下降,如果造成整体物价水平下降,就会导致社会形成通货紧缩预期。(3)产能过剩造成企业利润空间萎缩,使得企业不愿意增加投资,金融机构惜贷。此时企业缩减雇用人数将增加失业,导致居民收入下降,多方压力形成的共振会加大经济陷入萧条的风险。2015年12月,中央经济工作会议明确指出,2016年是"十三五"开局之年,也是推进结构性改革的攻坚之年,强调去产能、去库存、去杠杆、降成本、补短板五大任务。这五大任务中去产能化居首,提出破产和再就业彰显决心,通过资本市场配合多兼并重组。

2. 现有产业规模较大但是实力不强。以制造业为例,根据工信部提供的数据,在产品规模方面,2014年在全球500多种主要工业产品中,有220多种产量位居世界第一的产品均由中国生产。就企业规模而言,2014年,在100家跻身"财富世界500强"的中国企业中,制造业企业占到了56家。由此可见,中国制造业企业的产品规模和企业规模均达到了很高的水平。但是,这些制造业企业的实力并不如其规模那样强大,以数控机床为例,我国中低端数控机床产量大,但80%的高端数控机床要进口;而经历网民热议的"中国游客赴日抢购马桶盖"事件,也说明中国制造业大而不强。

具体而言,制造业的大而不强主要体现在以下几个方面:(1)产业结构相对落后,产业布局在不同地区之间存在低端恶性竞争,产业的核心竞争力有待进一步发掘,产业层次有待细分;(2)中国制造业生产处于全球价值链的中低端水平,处于价值链高端的高附加值、高利润部分仍然为发达国家的企业所攫取,相关产品的核心技术仍掌握在发达国家手中;(3)产品质量不稳定,缺乏国际著名的大公司、大品牌,现有企业的影响力不足以影响全球潮流;(4)在高科技产业中,技术创新体系较弱,不足以顺利将科技成果转化为产业并引入市场,产学研用有待进一步整合。

根据中国统计年鉴提供的数据,从2011年起,中国劳动年龄人口出现绝对数量的下降。事实上,从2004年起,中国沿海地区就开始出现"民工荒",这意味着中国经济赖以快速发展的一个重要因素——低端廉价劳动力的优势正在丧失,人

第五章

口红利正在逐步消失,其结果必然会带来劳动力成本上升,产业利润空间受到挤压。2014年,中国劳动年龄人口较2011年下降了560万,制造业工人月均工资达500美元至700美元,大大高于越南、印度、巴基斯坦等国家。因此,不少劳动密集型制造业企业,如优衣库、耐克、富士康等企业纷纷将生产线从中国迁到上述低成本国家。然而,制造业向低成本国家分流还不是中国制造业面临的全部挑战。受到金融危机袭击后,发达国家也开始将部分制造业回迁本土,如苹果公司将部分生产设在美国国内;松下公司把立式洗衣机和微波炉生产从中国迁回日本。因此,增进中国制造业实力,改变大而不强的局面在未来中国经济发展中日益显得重要。

3. 第三产业增长非常快,但行业结构并不合理,发展水平滞后。当前,中国的第三产业大量集中在餐饮、商业和交通运输等,这些产业大多属于传统服务业,增加值比重占到了40%以上。而一些新兴服务业,如生产性服务业、邮电通信、金融保险、信息咨询、旅游、传媒出版等占比较低,发展不足,而这些新兴服务业在发达国家则是第三产业的主要组成部分。

在微观层面,中国服务业与发达国家仍有着较大差距,这主要体现在产品内涵、服务质量、市场规模、管理技能、市场营销等诸多方面。以生产性服务业为例，目前，全球生产性服务业增加值中有50％以上是由发达国家提供的，这些国家的跨国企业在全世界进行资源的优化配置，布局产业链。在这一背景下，经济落后国家只能在发达国家跨国企业布置好的产业链中被迫接受相应的位置，成为该产业链上相对单一和封闭的一环。中国生产性服务业也处于相类似的困境中，受到发达国家在技术、市场和产品利润上的多重挤压后，产品种类和产业链扩展均显得不足，无法满足国内对于高端生产性服务产品的需求，只能从发达国家进口。

4. 外向型产业大多处于全球产业链低端。2011年底，美国学者发布了一份名为《捕捉苹果全球供应网络利润》的报告，其中针对iPhone手机利润分配的研究显示，2010年，苹果公司每卖出1台iPhone，就独占其中58.5％的利润，而中国大陆劳工获得的利润仅占1.8％。中国经济的发展在很大程度上得益于融入全球化进程当中。这一进程主要集中在劳动密集型产业，这与中国所具备的低劳动成本比较优势是相符合的。通过为全球产业链提供低端劳动力，中国企业能够为跨国企业提供代工生产，其主要特点主要是发展以"三来一补"为内容的加工贸易，在全球价值链当中从事装配加工等低端制造生产环节。但是这一优势正在随着经济发展渐渐丧失，随着劳

第五章

动力数量相对下降、劳动力等要素价格大幅攀升,上述以价值链低端加工为特征的制造业生产已经不能持续,从长期看必然会对经济产生负面影响。

尽管在经济发展初期,通过低劳动成本优势发展劳动密集型产业融入全球价值链是中国加入全球化进程的便利途径。但是经济发展和工业化必然会导致要素价格上升,此时这样的优势就会丧失,最终将被其他劳动力成本更低的国家或地区所取代。而且,这种发展模式有可能会压制中国制造业企业的创新能力,以致被锁定在全球价值链低端,一直只能作为跨国企业的附属为其提供低附加值生产,这不利于自身的技术创新和产业升级。此外,此类服务于加工贸易的价值链低端生产会在很大程度上受国外需求的影响,一旦出现全球性经济危机,国外需求减少,加工贸易就会蒙受重大打击。2008年金融危机以来,遭受危机冲击的西方国家经济不振,后来这些国家调整了全球化战略的方向,一方面减少对劳动密集型产品的进口,另一方面开始将制造业回迁,提出重振制造业生产的目标,以便增加其国内就业,缓和国内矛盾,最终导致全球化进程受阻。在这一形势的影响下,中国处于全球价值链低端的加工贸易发展模式面临极大冲击,转型升级任务日渐迫切。

产业转型与升级的路在何方？

考虑到上面提到的相关问题，加之受到国际经济危机冲击后的全球经济波动较大，反全球化的声音开始出现，贸易自由化和区域一体化进程受阻。在此背景下，全球经济面临的环境日益复杂，前景扑朔迷离。在危机爆发后的几年中，中国采取了一系列积极的应对措施，避免了经济硬着陆，为全球经济的稳定作出了重要贡献。然而，中国经济中的一些深层次问题也在此时暴露了出来，诸如人口红利的消失、过于依赖加工贸易、产业结构不合理、收入差距扩大、环境污染严重等。要解决这些问题，中国经济需要重新发现新的产业增长点，提升科技创新能力和加大人力资本投入，推动企业技术进步和管理的创新，加快转型升级步伐。

1. 化解产能过剩危机。2015年下半年以来，从中央经济工作会议，到国务院常务会议，再到国家领导人调研时的讲话，去产能频频被提及。2016年2月伊始，国务院相继发布了《关于钢铁行业化解过剩产能实现脱困发展的意见》和《关于

第五章

煤炭行业化解过剩产能实现脱困发展的意见》，明确从 2016 年开始，用 5 年时间再压减粗钢产能 1 亿—1.5 亿吨，实现钢铁行业兼并重组取得实质性进展；用 3—5 年的时间，煤炭行业再退出产能 5 亿吨左右，减量重组 5 亿吨左右，较大幅度压缩煤炭产能。

成功化解产能过剩问题可以从以下几个方面着手：(1) 破除地方保护主义与唯 GDP 价值观。就目前状况而言，不少钢铁、煤炭行业，长期以来都是一个地方经济的支柱，不但给地方财政创收，还牵涉到就业问题。因此，在化解过剩产能的同时，相关保障政策如安置就业等方面需要统筹考虑，同时要积极开拓新的替代产业，设立工业企业结构调整专项奖补资金，按规定对地方化解过剩产能中的人员分流安置给予奖补。(2) 需要加强国际产能合作，发挥我国优势产能的作用，如高铁、基建相关行业可以借助"一带一路"等渠道，开拓海外市场，促进国与国之间互利共赢。(3) 通过切实有效的手段，让市场将"僵尸企业"予以淘汰。中共十八届三中全会决议明确指出，要发挥市场在配置资源中的决定性作用。而对于一些尚有价值的企业，可引导有技术和市场的大企业对其兼并重组，并以高科技推动行业从供给端进行革新，弥补我国当前"高精尖"产品的短板。

2. 要加强企业自主创新，促进技术升级。尤其是一些对国家发展至关重要的关键战略领域和若干科技发展前沿产业，诸如节能环保产业、传感网、新材料产业、先进医疗产业、海洋地壳勘察产业等应当形成自主知识产权。高新技术产业的发展会对经济增长产生具有突破性的重大带动作用。能否在这些关键技术领域占有一席之地、形成自主创新和发展能力，事关中国经济军事安全和长期发展潜力，因此要制定切实有效的国家技术创新战略，并辅之以政府扶持与支持。同时应注意到，传统产业较长时期内仍将是国内市场需求量大、在国际市场上具有比较优势的重要产业。因此需要开发能够推动传统产业升级的共性技术、关键技术和配套技术。升级传统产业的一个重要趋势是发展高端装备制造业。装备制造业是为实现工业化、现代化提供物质技术基础的产业，也是今后一段时间有较大市场空间的主导产业。国内外经验都表明，要以重大工程为依托进行关键技术的研发和设备研制，提供同步配套，使其研发成果直接为重大项目服务。更为重要的是，要有需求方的约束，即是要使其成效"可检验"，这样才能够有效促进技术创新与经济实践的结合。

此外，还要保证在一些前沿科技领域的跟踪投入，这些领域包括：信息技术、生物技术、纳米技术与微系统、新材料与

第五章

先进制造技术、洁净与高效能源、海洋技术、生态环境保护与恢复技术等。这是因为，相关产业里面可能能够孕育出引导下一轮全球产业结构调整的主导技术。中国要力争通过几年、十几年的持续努力，在这些新的技术领域中奠定自主创新能力，促进产业结构进一步优化升级。

实现产业升级还需要重视以市场为导向，以企业为主体的基本原则。（1）需要探索产学研合作模式，集聚企业创新资源。需要以国家产业政策为导向，以企业的发展需求和各方的共同利益为基础，以提升行业技术创新能力为目标，努力提高行业产学研结合的组织化程度，整合各个行业的技术创新资源，引导创新要素向优势企业集聚。（2）要瞄准高端领军人才，加强科研基地建设。要把研发机构建设作为提升创新能力的关键举措，制定中长期发展规划，建立不同层次的研发机构，并不断向更高层次推进。以企业研发机构为依托，以产学研合作项目为纽带，引导各类高端人才及其创新团队向企业集聚、为企业服务，攻克产业核心关键技术，促进科技成果产业化，帮助企业培养创新人才，增强企业的自主创新能力和区域创新能力。（3）加强企业创新平台建设，完善科技创新体系。鼓励企业与高等院校整合产学研资源，建立与高校的长期合作关系。（4）依托高等院校科技优势，促进校企联姻。鼓励企业与高校、科研院所共同组建工程技术研究中心、企业研发中心、重点实验室等平台，推动产学研向深度发展，增强企业持续创新能力。

3. 要结合地区比较优势，加快产业转移与承接，实现产业雁行模式的梯度发展。考虑到当前正处于国际国内产业分工深刻调整的时期，我国东部沿海地区产业向中西部地区转移步伐加快。中西部地区发挥资源丰富、要素成本低、市场潜力大的优势，积极承接国内外产业转移，不仅有利于加速中西部地区新型工业化和城镇化进程，促进区域协调发展，而且有利于推动东部沿海地区经济转型升级，在全国范围内优化产业分工格局。对于产业承接地而言，应当结合承接地实际情况，整合经济区资源，合理分工，拉开产业发展框架，避免重复引进、恶性竞争，形成强大合力，营造各具特色、分工明确、协调发展的承接产业转移良好态势。

具体而言，产业梯度发展战略可从以下几个方面入手：（1）扩展产业接纳方式，直接投资与间接投资并重，尤其应增加间接投资的比重，发展国际证券融资、海外投资基金、BOT（建设—经营—转让）融资等多样化的投资转移方式；（2）拓宽产业承接区域，坚持多元化、全方位，既重视承接国内产业梯度转移，也重视承接国际产业转移；（3）注重产业承接层

第五章

次，利用劳动力成本等优势，主动承接东部沿海地区进入成熟和衰退阶段的纺织、服装、电子装配、机械加工等劳动密集型产业，积极参与分工，提高自身竞争力，同时更加注重提升产业承接层次，通过运用传统的技术改造力度有选择性地承接和引进技术含量和附加值较高的国际产业和资本。

4. 在产业选择方面，要重点发展包括先进制造业在内的新兴产业，并促成新兴科技与传统产业的有机融合，实现新技术、新产品和新业态的发展。围绕发展潜力大、带动性强的若干新兴领域，立足现有企业和产业基础，实施产业链升级工程，着力突破新兴产业发展的瓶颈制约，促进高新技术产业化，完善产业链条，形成先进的规模化生产能力。加强企业技术改造与技术引进、技术创新的结合，提高企业原始创新、集成创新和引进消化吸收再创新能力，加快产品和技术升级换代。在遵循市场规律和企业成长规律的基础上，针对不同企业类型，分类施策，形成大中小微企业竞相发展的创新型企业集群。鼓励和支持大企业加大研发投入，完善创新平台建设，打造一批掌握核心技术、引领行业发展的创新型大企业。遴选一批基础较好的科技型中小企业，择优培育，推动形成一批引领支撑经济社会发展的"明日之星"。

5. 完善和提升产业价值链。完善产业链有利于降低成本、提高效率。以手机产业为例，多年来中国的手机产量占世界的2/3左右。2014年，中国生产的移动智能终端超过13亿台。这主要是因为手机制造在中国形成了较为完整的产业集群，集中在深圳及其周边，其他发达国家和发展中国家都不存在这样的手机制造产业集群。因此，完善的产业链是至关重要的产业竞争方向。中国产业转型升级要在分析研究效果和价值链的基础上，朝着不断完善产业链的方向加以改进。

具体而言应考虑以下途径：（1）完善和积累人力资本，通过人力资本流动和再配置来实现产业价值链的高端化。从全球价值链的分工环节来看，处在上游的研发设计和下游的品牌营销都表现出明显的人力资本密集型特点。因为主要的利润空间和发展前景都集中在价值链分工的两端环节。要实现价值链调整与升级，东道国本身必须具备较强的技术引进能力，拥有高素质的人力资源，才能实现对先进技术和信息要素的吸收与开发。（2）发挥技术创新在提升产业价值链中的核心作用，这需要构建相应的优势资源创新体系和教育产业配套体系，为企业创新提供资金保障，建立健全企业融资体系，并综合运用税收、补贴和会计制度等工具杠杆，激发工业企业的内在创新动力，此外还要健全技术产权交易制度，为技术创新型的商业化运作提供制度保障，增加技术创新的流动性。（3）充分利用我

第五章

国庞大的本土市场,为完善产业价值链提供足够的投资和消费需求。本土市场既能够为体现企业发展技术能力的结果与产业升级中价值增值的企业创新行为提供实现垄断利润的机会,还有助于企业实现规模报酬递增,培育国内市场分工与企业技术能力,为拓展具有更高边际利润的价值创造活动与产业升级提供持续的运营支持,同时帮助本土企业通过参与式合作吸收跨国公司针对本土市场所运用的技术方法、产品设计,为实现产业升级提供必要的技术支撑。

如何发挥产业政策在中国产业转型升级中的作用？

进入新千年后，中国政府出台了一系列覆盖面甚广的产业政策，具体包括对于企业、技术和产品的选择性扶持，同时也包含了从宏观层面对产业布局等方面的把控。2009年以来，中国政府实施了重点产业调整与振兴计划，并出台涵盖方方面面的相关细则，强化了产业政策在中国经济结构调整中的作用。在产业政策的实施方面，中国的产业政策综合运用了诸如目录指导、项目审核、市场准入、贷款的行政核准、供地审批、淘汰落后产能等行政性直接干预措施。东亚国家和地区的转型经验表明，产业政策可以通过培育市场竞争、构建市场平台、扩大市场规模等途径推动产业升级，其关键是如何恰当地发挥产业政策在转型升级中的作用。

中国出台的产业政策主要包括两个方面：

1. 促进产业结构调整，主要有：《当前国家重点鼓励发展的产业、产品和技术目录（2000年修订）》《促进产业结构调整的暂行规定》《汽车产业发展政策》《钢铁产业发展政策》

第五章

《水泥工业产业发展政策》等。值得注意的是，在这些产业政策调整政策中，产业内的结构调整是重中之重。所谓产业内结构调整，是指在三次产业内部，当前主要涉及第二产业和第三产业内部产品升级和技术发展，较少涉及三次产业之间的结构调整。以《当前国家重点鼓励发展的产业、产品和技术目录（2000年修订）》为例，其确定原则包括以下几个方面：（1）目前和未来市场容量和前景较好的产业；（2）技术水平较高，能够促进企业的技术设备更新换代；（3）鼓励基础性技术研发，能够在这些技术的基础上开发出新的增长点；（4）资源和环境友好型技术；（5）供不应求的相关产业或产品等。该目录共包含了28个大类行业，并进一步具体地罗列了526种产品、技术和项目。此后，国家发展改革委又先后公布了《产业结构调整指导目录》2005、2011、2013和2015年版。该目录的每一次修订都是根据行业发展的最新变化和要求做出的，符合当时的国民经济发展和产业结构调整需要，同时也能够对相关产业在不同时期的市场供求状况进行调整。中央政府还要求，不同地区在选择发展相关产业时，要从本地区实际出发，分析掌握本地区比较优势、拟发展产业的市场供求条件及其变化，本着实事求是的态度对上述目录中的产业、产品和技术进行选择，避免由于重复建设而导致的恶性竞争。

2. 对产能过剩问题的关注和解决。在过去较长的一段时期，中国经济经历了高速增长，期间不少产业获得了快速发展，生产规模极度扩张。但是，在近年来中国经济增速放缓后，这些产业产能过剩，面临收缩。这些产业主要与房地产行业和基础设施行业相关，包括钢铁、水泥、玻璃、电解铝等。

事实上，从2003年至今，政府部门一直都在对这些行业的产能过剩问题给予重点关注，并出台了一系列政策法规进行调控，如2003年11月出台的《关于制止钢铁行业盲目投资的若干意见》《关于制止电解铝行业违规建设盲目投资的若干意见》《关于防止水泥行业盲目投资加快结构调整的若干意见》；2006年出台的《国务院关于加快推进产能过剩行业结构调整的通知》《国家发展改革委关于汽车工业结构调整意见的通知》《关于钢铁工业控制总量淘汰落后加快结构调整的通知》；2009年9月针对钢铁、水泥、平板玻璃等行业产能过剩的《关于抑制部分行业产能过剩和重复建设引导产业健康发展的若干意见》；2010年2月颁布的《国务院关于进一步加强淘汰落后产能工作的通知》；2013年的《关于化解产能严重过剩矛盾的指导意见》，等等。

当前，为了充分发挥产业政策在中国经济转型中的作用，产业结构调整政策应当从选择型转变为功能型。长期以来，在

第五章

制定产业政策时，往往对需要优先发展的产业实施一系列优惠政策。这种选择型政策的好处是，有利于少数产业的快速发展，但其弊端也很明显，往往造成顾此失彼，带来新的结构失衡。所以，要尽可能避免推出选择型的产业政策，而应代之以功能型的政策。即对符合经济转型升级方向的经济活动，不管属于哪个行业、哪类企业，都要给予鼓励，而对不符合转型升级方向的经济活动，一律采取惩罚性政策。比如节能减排、环境保护、提高产品技术含量和附加值等，是转型升级鼓励的方向，对于所有行业和企业、生产和消费，凡是符合这些要求的，都应给予鼓励。总体而言，制定功能型产业政策对推动经济转型升级将发挥更大的成效。

在2015年的政府工作报告中，确定了"互联网＋"和"中国制造2025"两大战略。2016年1月27日，在由李克强总理主持召开的国务院常务会议上，两大战略首度联袂亮相，"中国制造2025＋互联网"就此出炉。"互联网＋"此前更多受到服务业和新兴产业的关注，而更根本的制造业内容也应该是互联网＋的重要组成部分，国务院此次提出的概念为"中国制造"升级为"中国智造"拟定了线路图，中国的产业升级有望受益于这一决策。这次会议明确了"中国制造2025"对于制造业升级的积极作用，同时将"中国制造2025"纳入当前供给侧改革的重要组成分。同时，会议还指出，实施"中国制造2025＋互联网"要坚持市场机制在其中的积极作用，政府适度引导，为市场机制更好地发挥作用创造条件，促成中国产业的全面升级。此外，会议还明确要出台11个配套实施指南、行动计划或专项规划以及设立"中国制造2025"专项资金等具体措施。中国政府计划用3个10年来实现从工业大国向工业强国的转变。《中国制造2025》就是第一个10年的行动纲领，目标是把中国从全球制造业的第三方阵，提升到第二方阵。最终目标是到2045年跻身第一方阵。

"互联网＋"是实现"三步走"目标第一步"中国制造2025"的强有力手段，将为产业智能化提供支撑，为经济发展提供新动力。在资金投入模式方面，将重点运用政府和社会资本合作（PPP）模式，引导社会资本参与制造业重大项目建设、企业技术改造和关键基础设施建设。相关部门将创新财政资金支持方式，逐步从"补建设"向"补运营"转变，提高财政资金使用效率。同时，还会通过设立专项资金的方式给予财政支持，资助发展一批标志性项目工程。这两个行动计划是开放性的，企业有机会与国外制造业交流合作。此外，除了打造标志性项目以外，还将促成大型企业和中小型企业之间、企业和高校科研院所之间的协同合作，完善产业链以及产学研一体化体系。

第六章
资源与环境:怎样实现绿色经济转型?

"绿色经济"是未来全球经济转型和发展的方向。在中国经历了 30 多年经济飞速增长之后，人们面对的是这种增长模式必然存在的极限。资源和环境对经济增长的约束不单是自然界对人类经济社会活动的制约，更反映了经济制度、政治制度和社会发展理念等对经济增长的影响。中国对于现今面临的"增长的极限"问题，并不仅仅是节约使用资源或者保护环境这么简单，其背后所反映出来的是政府在治理理念、法律制度建设、经济制度改革中所要作出的转变。这一转变的方向和方式将影响到中国是否能够借着"第四次绿色工业革命"的浪潮，把握历史机遇，突破增长的极限，进入一个新的"绿色"的可持续发展的轨道。

每天早晨起来，打开手机，查看各种信息、数据、指数已经成为中国这一代人的生活习惯。对于中国的上班族或者有孩子的妈妈们来说，股票指数可以不用每天看，但"雾霾指数"却是大家每天都会关注的。雾霾天气近几年覆盖大半个中国，并且愈演愈烈，成为中国如今经济发展过程中一个最"看得见"的环境问题，避不开也不可无视。2015年约有四分之一的国土面积、约6亿人口受雾霾天气影响，虽然雾霾对人体造成的长期影响还未有科学定论，但其对居民短期健康和出行、城市交通、社会生产所造成的影响难以估量。

一个简单的PM2.5数据把中国所面临的资源和环境问题带入了公众视线，而最后又将焦点对准了经济发展方式这个看似无关的问题上。曾任国家发展改革委副主任的解振华指出，"雾霾天气主要是经济发展方式粗放、产业结构和能源结构不尽合理造成的"。然而，雾霾还只是中国环境污染等问题之冰山一角，藏在雾霾背后的中国环境污染问题和资源危机远比雾霾更加严重。必须警惕的是，这些资源与环境问题已经成为制约中国经济发展的重要因素，更成为引发众多社会问题的导火索。"增长的极限"这魔咒般的呼声似乎也越来越近了。那么，资源与环境问题是中国经济发展中所特有的吗？中国到底面临着怎样的挑战？面向未来，中国又如何应对挑战、抓住机遇，跨越这一增长的极限呢？

→ 第六章

什么是增长的极限？

1972年，罗马俱乐部公开了其第一份研究报告《增长的极限》（*Limits to Growth*），引起了学术界和西方社会极大的反响。这份报告指出了人类社会面对的几大困境：人口问题、工业化的资金问题、粮食问题、不可再生资源问题，以及环境污染和生态平衡等问题，该报告指出这些问题将会成为未来世界经济增长、社会发展的制约因素。从此，"增长的极限"就成为对经济社会发展持悲观态度者的一个常用语。

那么，到底什么是增长的极限呢？是否存在增长的极限呢？要回答这些问题，我们首先要知道什么是"增长"。简单地讲，这里的增长是指"经济增长"。既然如此，那么让我们来看看经济学家是如何理解和描述经济增长的。经济增长可以分为狭义的经济增长和广义的经济增长。狭义的经济增长是指一个国家或地区在一定时期内的总产出（通常用国内生产总值GDP来衡量）与前期相比实现的增长。而广义的经济增长可以指社会财富的增加，或者生产力的扩大。狭义的经济增长是经济学家使用最广泛的经济增长概念。

工业革命以来,西方资本主义经济迅速发展,伴随着发展中国家的经济起飞,世界经济这100多年以来持续不断的增长。其中,作为一个发展中国家的经济增长奇迹,从1980年到2014年,中国的国内生产总值(GDP)在短短35年间增长了35倍。虽然,现在中国宣布进入"经济新常态",但经济的增长趋势仍然保持着。在过去的100年甚至200年间,经济增长似乎从未停止过,人类似乎迈过了一个又一个门槛,向着更高的科学技术、更快的经济增长迈进。那么,在经济学家眼中,增长是否有极限呢?或者说一个国家或地区的总产出是否可以无限地增长呢?经济学家从经济增长的要素来看待这一问题。

18世纪的经济学家马尔萨斯和李嘉图,认为人均收入基本是不变的,因而经济增长主要源于人口的增加。但是,由于人口是几何方式的增加,而生产资料(如自然资源、物资等)是算数方式增长,多增加的人口总是要以某种方式被消灭掉,因此,人口的增加不能超过相应的农业发展水平,这也被称为"马尔萨斯陷阱"或者"人口陷阱"。可见,从马尔萨斯和李嘉图的角度来看,经济增长源于人口增长,而人口增长则受限于生产资料,换言之,经济增长是有极限的。这一观点和罗马俱

第六章

乐部《增长的极限》中的观点有相似之处。不可否认，马尔萨斯的理论在工业革命发生之前，可以很好地解释当时社会的经济增长现象。

然而，经济学家对于经济增长要素的探索才刚刚开始。工业革命之后，西方社会的经济增长似乎不再单单受到人口增长的制约，机器的大量使用替代了低效率的人力劳动，从而大大提高了生产力，西方社会进入资本主义经济增长阶段。1956年，索洛和斯旺分别发表了两篇重要的论文，奠定了新古典经济增长理论的基石，或称"外生经济增长理论"。在这个理论框架下，资本的累积、人口增长和技术进步是经济增长的源泉。因此，若技术可以持续地改进，那么根据这一经济增长理论，我们可以摆脱马尔萨斯陷阱；如果不然，经济增长仍然会陷入马尔萨斯陷阱之中。也就是说，索洛—斯旺的经济增长理论也包含着可能的"增长的极限"。

与新古典经济增长理论的预测不同，经济学家继而观察到人均收入持续地增长可以维持一个世纪甚至更久。于是，到了20世纪90年代，引发了人们对于经济增长的新的探索，从而催生出新经济增长理论，这就是"内生经济增长理论"。这一理论的主要特征就是将技术进步内生在经济系统中，从而使得系统可以通过某些要素或者某种机制内生地产生技术进步，而不需要设置外生的技术进步变量。这些内生的经济增长源泉包括：人力资本和知识的积累、研究和开发活动（R&D）、产品的差异化、市场竞争行为，等等。据此建立的模型可以用来解释经济不断增长的现象，因而受到经济学家的追捧，并得到越来越多的发展。可以看到，产生持续的技术进步是内生经济增长理论的核心，似乎根据内生经济增长理论，"增长的极限"可以被突破了，以至于著名经济学家斯蒂格利茨认为，自然资源的耗竭不会对经济增长产生影响，因为只要存在着持续的技术进步，人造资本就可以不断代替自然资源，打破经济增长的极限。然而，很多经济学家批判了这一观点。而由环境污染、气候变化、资源枯竭所造成的灾难和经济危机本身就是对这一观点的驳斥。

从经济学家对经济增长要素的探索中不难发现，生产方式的改变会带来对"增长的极限"不同的看法，事实上，"增长的极限"在一定程度上都是内生于各个增长理论之中的，来源于经济系统本身，并不是什么新的发现。因此，按照某一种经济模式来发展，增长的极限一定会出现。自从资本主义经济诞生后，经济增长理论不再把资源和环境当成约束条件，劳动力（人口资源）似乎也可以通过资本或者技术进步来取而代之。而这其中最为关键的就是对于"人"的定义。人在经济生产中是

第六章

一种投入要素，但同时也是经济产出的消费者；人是一个有生命的工具，他需要依靠自然界所提供的环境和资源来生活。人成为社会经济系统与自然界系统的桥梁和纽带。经济增长是为了人类能够更好地生活，如果因此忽略和破坏了自然资源与生存环境，那么，这样的经济增长必然是有极限的，这种极限不是来源于经济系统本身，而是来自外部的资源与环境约束。

虽然遭到很多经济学家的批评，但不可否认的是，《增长的极限》最大的贡献就在于将自然界系统与社会经济系统作为统一体来看待，从而体现了自然界系统与社会经济系统之间的一种循环作用关系：人口和经济的增长是几何式的，而粮食、资源和环境却是算术式的增长，因此，当人口和经济快速增长时，就会引起粮食短缺、资源匮乏和环境污染这样的问题；反过来，这些问题又会反馈到人口和经济上来，限制其增长，这就使得自然界系统与社会经济系统处于一种动态的平衡之中。所谓"增长的极限"就是当社会经济系统的增长不顾自然界系统的增长规律时，导致自然界系统的崩溃，由此而带来的社会经济系统的崩溃，即产生了一个增长的极限。

对于20世纪70年代初期的西方社会而言，经济正处于欣欣向荣的高峰，《增长的极限》无疑是一个悲观主义的"科幻片"，然而1973年爆发的石油危机却恰恰成为这份研究报告最好的序言。同样,对于当今中国来说,面对 30 年来经济持续的快速增长,"增长的极限"似乎离我们还很遥远,但是,当我们仔细来看这些年来发生过的"电荒"、"民工荒"、旱涝灾害、沙尘暴、雾霾、癌症村等事件,就会明白"增长的极限"已经向我们敲响了警钟。

德国人很喜欢让小孩子算这样一个带有寓言性质的智力题:在一个小池塘里生长着一种水藻,它会破坏池塘里其他的生物,这种水藻的生长速度是每天长一倍。那么,当我们看到有一半的池塘都被水藻覆盖的时候,需要多久水藻就会长满整个池塘呢?答案并不难,但会让人感到警醒。是的,1 天!只需要 1 天!这个小故事告诉我们:对资源和环境的保护是一种风险管理,或许它不会当下就发生,但是如果不及时防范和处理,它只要"一击"就会侵蚀整个人类社会。"增长的极限"或许看来遥远,我们的"池塘"仍然还有"一半"的生机,但是不要忘了,它的到来只需要"1 天"!

第六章

中国正在面临怎样的挑战？

从一个较长的时间轴来看中国的经济增长速度，可以发现是一个逐渐趋缓的过程：根据国家统计局的数字，从20世纪90年代初每年两位数的经济增长，到最近几年每年7%~8%的增长，再到"经济新常态"下未来一段时期内可能更低的经济增长率。从经济增长理论来看，经济增长速度随着经济的增长逐渐减缓，趋于某一个平稳的增长率是非常正常合理的，因为要素的规模报酬是递减的。改革开放解放了计划经济时期扭曲的要素市场，因此生产力在从计划经济向市场经济过渡的初期大大得到了释放。然而，经济增长放缓的原因也是有多方面的，包括全球经济危机的外部打击，也包括中国自身的产能过剩、劳动力价格上升、经济结构的调整以及宏观调控政策的影响，等等。但是，其中也存在一个不容忽视的原因，那就是资源与环境为经济增长所带来的压力。下面，让我们带着这种"危机"意识，来看一下中国作为一个大国在资源与环境方面所面对的困境、经济增长所面临的挑战及其所需承担的责任。

在资源方面，我国的问题主要表现在植被、矿藏资源的高消耗。虽然，我国"地大物博"，但是我国的资源禀赋并不优越，主要表现在人均资源占有量的贫乏上。例如，石油、天然气、铁矿石、铝土矿、铜、耕地、淡水等战略性资源人均占有量分别只有世界平均水平的7％、7％、17％、11％、17％、43％、28％，我国最丰富的资源，是煤炭，其人均占有量也只有世界平均水平的67％。

然而，目前更为突出的资源危机是中国资源的对外依赖越来越大。虽然中国采掘业规模位居全球前列，但仍无法满足过去10余年国内快速增长的需求。尽管中国的资源进口增速在新常态下将放缓，有些领域如煤炭和铁矿石甚至出现下降，然而对于很多资源而言，进口依存度在中长期还将不断上升。根据国务院发展研究中心的分析，到2020年，45类矿产品中，中国需要依靠进口满足的达39类产品。到2020年，石油进口比重将达到70％左右；根据美国能源信息管理局的数据，这一比重在2030年更将上升为75％。

此外，对中国来说，资源供应国过于集中也是一个重要的令人担忧的资源安全问题。根据2016年刚刚公布的国务院发展研究中心与英国查塔姆研究所联合发布的《引领新常态：中国与全球资源治理》报告，"有18个国家每年向中国出口价值

第六章

100 亿美元的自然资源，占据中国全部资源进口的 75%。其中 4 个国家是中国的邻国（俄罗斯、日本、韩国、印度尼西亚），5 个是中东石油出口国（沙特阿拉伯、伊朗、阿曼、伊拉克和阿联酋），3 个是南美国家（巴西、智利、委内瑞拉），2 个是非洲国家（安哥拉、南非），余下 4 个抑或是资源丰富的发达经济体（澳大利亚、美国、加拿大）或加工中心（欧盟）。在六项关键进口产品——原油、铁矿石、煤炭、天然气和液化天然气、铜和钾肥中，最大的 4 个供应国占到中国进口的一半至五分之四的水平。"这样集中的资源供应，使得中国在外交上必须与这些国家保持良好的关系，也就是所谓的"资源外交"，这就使得中国与他们的经济关系、政治关系变得相当敏感，同时也直接影响到中国与资源运输途中的国家的地缘政治关系和经济关系。

在环境方面，我国的问题突出表现在大气污染和水土污染方面。其中，大气污染以二氧化硫和烟尘为主，水土污染以废水排放为主。从大气来说，根据国家环保部 2015 年发布的《2014 年中国环境状况公报》（以下简称《2014 年公报》），2014 年全国开展空气质量新标准监测的 161 个地级及以上城市中，仅有 16 个城市空气质量达标，达标率仅为 9.9%。此外，2013 年的公报中指出，2013 年全国平均霾日数为 35.9

天，比上年增长 18.3 天，为 1961 年以来最多。2013 年雾霾发生面积大、持续时间长、污染程度更高、危害程度更大。而雾霾只是大气污染最明显的表现，以雾霾为代表的大气污染不仅严重危害公众健康，更严重影响着当前和今后的经济活动。

从水来看，《2014 年公报》指出，全国 423 条主要河流、62 个重点湖泊（水库）的 968 个国控地表水监测断面（点位）开展了水质监测，Ⅰ、Ⅱ、Ⅲ、Ⅳ、Ⅴ、劣Ⅴ类水质断面分别占 3.4%、30.4%、29.3%、20.9%、6.8%、9.2%，主要污染指标为化学需氧量等。地下水的检测更显示出 61.5% 的监测点的水质为较差或极差。

从土地来看，首次全国土壤污染状况调查（2005 年 4 月—2013 年 12 月）结果显示，全国土壤总的点位超标率为 16.1%，其中轻微、轻度、中度和重度污染点位比例分别为 11.2%、2.3%、1.5% 和 1.1%。此外，水土流失也很严重，中国现有土壤侵蚀总面积 294.91 万平方千米，占普查范围总面积的 31.12%。其中，水力侵蚀 129.32 万平方千米，风力侵蚀 165.59 万平方千米。

值得注意的是，《2014 年公报》还首次对全国 2461 个县域生态环境质量进行了评估。生态环境质量为"优"和"良"的县域占国土面积的 46.7%，"一般"的县域占 23.0%，"较差"

第六章

和"差"的县域共占30.3%。生态环境的破坏比单纯的环境污染可能更为严重,其治理和改善需要付出相当大的代价,也需要更长的时间进行修复,有些破坏甚至是不可逆转和修复的。

此外,在环境污染问题上,中国也面临着外部的巨大挑战,尤其是气候变化问题,国际社会对中国施加了相当大的压力。根据国际能源机构(IEA)的估算,中国在2009年已经超过美国,成为全球二氧化碳排放最多的国家。2011年,中国二氧化碳排放量突破历史最高位,达到80亿吨,已占到全球碳排放总量的1/4,超过美国碳排放量50%左右,这一"全球第一"的位置"保持"至今。这给中国在国际的气候变化谈判中造成了很大的压力,甚至牵连到中国在国际上的经济和政治活动。美国和欧盟等国家也频频对中国筑起"环境标准"的贸易壁垒,迫使中国考虑经济活动对环境的影响。

然而,国际社会对中国在碳排放方面的责任施压是否合理呢?我们可以从几个方面来考虑。(1)从人均碳排放的角度来看,英国丁铎尔气候变化研究中心的"全球碳计划"2012年度研究成果显示,2011年中国的人均排放量仅为6.6吨,与美国的人均排放17.2吨还相差甚远,也低于欧盟的人均排放量7.3吨。(2)从历史的角度看,英国丁铎尔中心主管主任戴维斯教授指出:发达国家应当对二氧化碳浓度在大气中的增加负主要责任。发表在《自然－地球科学》2014年9月21日的论文《持续增长的二氧化碳排放总量对达成气候造成影响》指出，1870—2013年，中国的二氧化碳排放总量为1610亿吨，欧盟28个国家的排放总量为3280亿吨，而美国的排放总量达3700亿吨。其中，中国143年的排放总量占世界总排放量14300亿吨的11.25%，是美国排放量的43.51%，欧盟排放量的49.08%。(3) 在经济全球化的今天，碳排放隐含在国际贸易、全球生产链中，其排放责任不能单单以国家领土范围进行核算。根据赵忠秀等2014年3月发表在《中国社会科学》上的研究测算，2009年全球消费碳排放为28850百万吨，其中20%的碳排放来自国际贸易所隐含碳排放，而这些隐含在贸易中的碳排放主要是来自于中国和BRIIAT国家组（即巴西、俄罗斯、印度、印度尼西亚、澳大利亚和土耳其）所生产和出口的商品，而且最终是由北美和欧元区消费引起的。其中，中国碳排放的29%是由其他国家消费引起的，而欧元区和北美碳排放的33%和17%是在地区外生产排放的。北美等发达地区1个人的消费碳排放相当于中国4个人的碳排放或BRIIAT6个人的碳排放。如果按生产排放碳来看，中国排在全球第一位；但如果从消费碳排放来看，北美则是最大的地区，中国第二。因此，虽然作为碳排放大国，中国的减排责任不容推卸，但国

第六章

际社会因此对中国施加的压力有其不合理之处,尤以政治方面的因素居多。

当然,作为一个政治和经济大国,中国承担了责任。在气候变化方面,中国做出了极大的努力,这在国际社会也是有目共睹的。2015年底,英国《自然》杂志发布了气候变化重磅专题,其中包括5篇文章和两篇编者按,认为,2014年及2015年全球经济发展所呈现的数据显示,经济的增长终于不再与二氧化碳排放量挂钩。同时,根据截至2015年10月的数据,可以预测全球二氧化碳排放将降低0.6%,而该编者按认为,或许是包括中国在内的部分国家在能源结构上的改变,使得经济的上行不必继续建立在温室气体排放量增长的基础之上。2014年,中国采用了更多的水能、太阳能、风能等可再生能源来发电,减少了煤炭的消耗。根据彭博新能源财经(BNEF)2015年1月公布的数据,中国2014年在可再生能源方面的投资达895亿美元,占了全球清洁能源投资的近1/3。2014年中国有11%的一次能源来自非化石能源,其中包括可再生能源和核能,2013年的这一比例为9.8%。中国政府的目标是在2020年将这类能源的占比提高到总能源消费量的15%。

可见,中国经济增长的这几十年,中国在资源和环境方面面临着巨大的压力和挑战,大国的责任也不容推卸,但这些压力同时也为中国的经济增长方式转变、能源结构调整、资源治理和环境保护带来了契机。按照旧的经济增长方式，中国经济"增长的极限"不久必将出现；这些来自内部和外部的资源和环境挑战给了中国一个警示，也为中国经济未来增长之路指出了一个新的方向：即以资源与环境为约束的可持续的经济增长。

第六章

中国式的市场失灵是如何产生的？

西方经济学告诉我们，资源和环境的问题大都属于"公共的悲剧"。一个典型的例子就是公共的草场，因为它既不属于谁，又都属于任何一个人，这就是所谓的"公共品"。因此，所有的牧羊人都把羊赶到这个公共的草场放牧，这样造成羊的数目太多，而它们吃草的速度快于草生长的速度，因此，就使得草场变得光秃秃的，很快就会发现再也没有草给羊吃了，酿成了"公共的悲剧"。又例如，空气从来都不属于任何一个人所有，它是大家所公有的。那么，当一辆汽车向大气中排放废气时，其他人必须要承担这些废气所造成的空气污染，这就是经济学所说的"外部性"，即个人行为和选择对他人造成了影响。但是因为空气不属于任何人，污染它并不需要向谁付出代价，因此大家都开汽车，大气中的废气污染自然就越来越严重了。

"公共的悲剧"源于对公共品（这里即指资源与环境）的产权和定价出现了缺失或者扭曲，导致了市场无法有效地配置资源，是市场失灵的一种表现。反过来看，如果可以对这些资源和环境的产权做出明晰的界定或者制定有效的价格，那么"公共的悲剧"是可以避免的，市场有效配置资源的机制也会再度起作用。这其中最常用的一种经济手段就是对资源的开采使用以及对环境的污染进行征税，调整资源与环境的定价，使其与社会最优资源配置下的资源与环境的价格相接近。换句话说，从经济学的角度来看，和极端的生态主义不同，最优的状态并非没有污染或者没有资源的开发使用，而是以一种合理的配置方式实现可持续的发展。

然而，现实中资源与环境的问题十分复杂，在中国尤其如此。这其中既存在理论上的难题，也有中国特有的问题。

对资源与环境的定价最困难的就是找寻"社会最优"的标准。从经济学的角度来看，社会最优通常指的是"帕累托最优"，即假定固有的一群人和可分配的资源，从一种分配状态到另一种状态的变化中，在没有使任何人境况变坏的前提下，使得至少一个人变得更好。这一原则也被应用到自然资源开发中。例如，在流域水资源开发时，下游获利地区应给予上游受损地区一些必要的补偿；为保护环境与维持生态平衡，土地非农流转中除了给予经济补偿外，还应实施生态补偿。然而，应该补偿多少呢？这是一个很关键的问题。目前，学者和政府常

第六章

常通过消费者支付意愿的调查来测度经济补偿的价值。但这忽略了资源和环境问题中的代际问题，我们并不知道我们的后代对于环境的需求和评价，这里所能补偿的仅仅是这一代人，贫穷或者短视可能导致这种补偿是远远不足够的。另一个重要的问题是如何衡量生命的价值，很多环境污染问题会带来疾病、甚至是生命的威胁，那么一个生命的价值是多少呢？一个老人的生命和一个婴儿的生命是否等价？一个男人和一个女人的价值又是否有差异呢？这不仅仅牵涉到经济范畴，还涉及道德伦理范畴。这些理论上的实际困难使得对资源与环境的定价变得相当复杂，甚至变得不可能。

中国固有的体制、法律、经济特点也造成了"中国式的市场失灵"。例如，2010年财政部就提出了适时出台资源税改革方案，可是，改革方案一延再延，一改再改，资源税改革的话题虽然很热，通过和实施却不易。直到2016年初，资源税改革又被摆上了讨论桌上，但工作的开展仍然面临着重重困难。不仅是资源税改革，环境税的改革也经历了多年的讨论和征求意见，但前途仍然不明朗。下面，让我们来拨开迷雾，看一下这种"中国式的市场失灵"是如何产生的。

1. 从体制上来看，现行的行政管理体制、财税体制并不利于资源和环境的管理，也不利于资源税的改革。例如，我国虽然实行矿产资源国家所有制,但矿产资源实际上并不归中央政府所有,而是被地方政府所占有。这是由于行政管理体制与财税体制的相互矛盾所产生的,因为与矿产资源有关的财税收入绝大部分归地方政府所有,中央调剂的比重很小,资源税改革实际上威胁到了地方政府的经济利益,减少了地方的财政收入。因此,地方政府就会或明或暗的抵制资源税改革。此外,这种地方政府"瓜分"自然资源的现行体制也不利于自然资源的合理定价,尤其是一些跨区域的自然资源。因为这可能会造成为了增加地方税收而引起的地方政府之间的竞争,导致自然资源定价过低、价格被扭曲。这样的情况同样会出现在环境标准的制定上,各地方政府为了争取企业在当地生产以增加地方的税收收入,互相竞争着降低环境标准,由此就产生了环境标准的"竞次"现象。

2. 从法律角度来看,中国并不缺少资源与环境保护的相关法律,但执行不力。以《中华人民共和国环境保护法》(2015年1月1日更新为最新版)为基础,有6部侧重环境污染防治的法律,12部侧重自然资源保护的法律。然而,这些法律似乎也只是停留在纸上,在实际操作中并不能达到效果。原因何在?让我们用一个例子来说明。中国2013年启动了一项"碳交易"的试点项目,在7个省市试验不同的碳交易机制

第六章

来控制二氧化碳的排放,以应对气候变化的问题。然而,在各个地区都遇到一个问题,那就是如果企业超过了其排放许可权的限额,惩罚的机制如何运作?地方政府根据行政处罚的相关规定,对企业的行政处罚罚款的最高限额非常低,例如广东省当时的规定是2000元。这样的处罚力度根本起不到制约企业行为的作用,因其可以从多生产(多排二氧化碳)中得到远超过罚款的收益。当然,在一些地方这一罚款的限额已经有所提高,例如上海在2014年的时候将行政罚款的最高限额提高到了20万元。但对于一些大型企业来说,20万元的罚款仍然如隔靴搔痒。由此可见,中国的法律在资源与环境保护方面缺少和其他法律、条例的相互协调,有时甚至是互相牵制、互相矛盾的。也就是法律的体系并不能满足法律制度的要求,这就使得在执行这些法律的时候无法做到"依法办事"。当法律失灵的时候,市场自然也会失灵,因为法律作为一种市场规则是市场运作的重要保障。

3. 从经济角度来看,"中国式的市场失灵"更多是市场本身的问题。尽管市场经济在中国发展了30多年,"市场"仍然是不健全的,而且有许多遗留问题需要改革和清理。在环境税改革和资源税改革中,普遍存在"费改税"(如,排污费改环境税)以及资源税、环境税和其他税种之间关系的问题。

(1) 过去，对于排污和资源开采、使用都采取具有税收性质的收费方式，属于"使用收费"。根据世界银行的说法，使用费是指"为交换公共部门所提供特殊商品和服务而进行的支付"，这明显和资源税和环境税的本质和目的有差别，再加上各种收费项目，使得企业不能很好地控制资源的价格或者环境污染的成本，因此，并不能达到用市场手段来调节资源的开采和使用，或者控制环境污染的程度。(2) 再看资源税、环境税和其他税种之间的关系。有西方学者的研究显示，当市场价格本身已经被其他的税收所扭曲时，再在其上增加资源税或者环境税这类外部性质的税，只能使得市场价格更加扭曲，社会的福利损失进一步扩大。撇开资源税和环境税不谈，各种扭曲性税收和一些非市场因素已经导致了中国要素市场的价格是扭曲的，因此在没有改革整个税收体系、整顿市场秩序、理顺要素市场价格的前提下，资源税和环境税的开征只能是杯水车薪，甚至雪上加霜。市场失灵是必然的！

4. 值得注意的是，资源与环境不能完全依靠市场，市场失灵在某种程度上是客观存在的，也是正常的，即使在西方国家，政府采取一些行政手段或者制定一些行业规则来处理资源与环境问题也是常见的，也是对市场手段很好的补充和搭配。对于中国来说，消除"中国式的市场失灵"还有很长的路要

第六章

走,将伴随着市场改革、税收改革,甚至是经济体制和政治体制的改革逐步得到实现。但更重要的是,政府如何看待经济增长与资源环境的关系。市场只是管理资源与环境的工具和手段,而不是目的,更不是标准。如果政府认为可以通过破坏环境、不顾资源增长的自然规律来实现经济增长,那么,"中国式的市场失灵"或者"公共的悲剧"一定会一直存在;但是,如果政府追求自然界系统和社会经济系统的平衡发展,那么相信这些中国式的问题会得到逐步解决。因此,中国是否可以从可持续的角度来看待经济增长将是处理好资源与环境问题的关键所在。中共十八届五中全会提出的五大发展理念之一就是"绿色",我们相信中国政府在这一个关键点上已经做出了一个明智的抉择。

如何跨越增长的极限，实现绿色经济的转型？

"增长的极限"是每一个国家都需要面对的，如果我们回顾经济发展史，就能发现工业革命并不仅仅出现于18世纪，事实上，世界早已经经历了三次工业革命，并正迎来第四次工业革命。第一次工业革命大致从18世纪60年代开始到19世纪中叶，开创了"蒸汽时代"；第二次工业革命在这之后持续了100年，人类进入了"电气时代"；两次世界大战之后开始了第三次工业革命，并且延续至今，开创了"信息时代"；就在第三次工业革命方兴未艾之际，最近德国提出了"工业4.0"高科技战略计划，揭开了"绿色工业革命"，即第四次工业革命的序幕。这第四次工业革命的背景似乎应验了《增长的极限》中所提到的多重全球危机，包括能源与资源危机、全球生态与环境危机、全球气候变化危机。是否能够很好地应对这些挑战，涉及改变一系列生产函数的关系和特征，其中之一就是：转变长久以来的以自然要素投入为特征的生产关系，实现以绿色要素投入为特征的生产方式。生产方式、消费方式的转

第六章

变将促使全球经济采取新的绿色的经济增长方式。

从历史上看,转变经济增长方式是每一次跨越增长的极限的必经之路。进入经济"新常态"的中国正站在这个重要的拐点上,如何突破增长的极限取决于中国要选择何种经济增长的方式,以及如何转变经济增长方式。毋庸置疑,过去的资源集约型、高污染的经济增长方式已经走到尽头了,因此,新的经济增长方式必然要包含资源和环境的维度,这样的需求与第四次工业革命正好不谋而合。中国已经错过了前两次的工业革命,一直处于"追赶者"的地位,虽然在第三次工业革命中中国取得了巨大的经济发展,但总体上仍然处于追赶的位置。第四次工业革命给中国提供了一次历史性的机遇,使得中国可以和发达国家并肩面对这共同的全球危机,探索新的经济增长模式,而且可以说这次经济增长方式的变革是中国由内而外、由外而内的发展需要,可谓机遇和挑战并存。

然而,面对"绿色工业革命",中国虽然和发达国家站在同一起跑线上,但是其基础和实力仍然有一定差距,具体表现在经济和政治体制、市场成熟度、创新能力、资源与环境管理经验等方面。因此,在探索如何进入"绿色工业革命"的同时,中国还需要弥补这些基础和实力方面的不足。接下来,我们针对之前提到的中国所面对的内外挑战,从体制改革、资源治理和绿色科技创新三个方面来看中国如何跨越增长的极限，在第四次工业革命中异军突起。

1. 中国需要建立与资源环境管理相适应的财税体系和法律制度。造成"中国式的市场失灵"的一个主要原因，是资源表面上的国家所有制和资源实际收益地方化的矛盾。要解决这一个矛盾，国家必须抓住资源税改革的契机，继续推进整个财税体系的改革，理清地方财政与中央财政的关系。尤其在资源管理这一块，因为其"公共品"的特征，国家应该从整体的国家战略角度对其进行规划和管理，合理合时地开采和使用，而不是让自然资源成为当地政府争夺企业投资和增加财政收入的筹码，以致地区之间的博弈损害国家整体的利益。这其中固然有地方政府与中央政府的博弈，但从长远的角度来看资源管理的财税制度改革势在必行。如果不能扫除这个体制上的障碍，国家的资源战略管理无从谈起。

还有一个重要的方面是法律制度的健全和完善。值得一提的是2015年1月1日起正式施行新的《中华人民共和国环境保护法》增强了法律的可执行性和可操作性，也赋予了执法机关相应的权利。例如，新环保法第60条规定：企业超排污染物，环境保护部门可以责令其限制生产、停产整治等；而在原来的环保法中环保部门对企业并没有这样的行政执法权利。这

第六章

一法律改革的方向是正确的，对于一些新的环境保护制度也应在法律上加以确定给予保障。例如，在碳排放交易中所涉及的碳排放的监测、报告和核准制度，在交易过程中的市场操作规范，违规的惩罚措施和力度，等等，都需要法律法规给出明确的界定，使得这一机制可以真正起作用。诸如此类的环保机制都应该得到法律明确的界定和保障，而这个过程与市场机制的进一步成熟和完善是一个协同推进的关系，最终促使中国市场经济的保障机制建立和完善。

2. 要从全球的、多维度的、战略的眼光来看待资源治理与经济增长的关系。除了管理和善用本国的自然资源，中国也需要具备全球的资源治理战略眼光。目前，中国的资源供应国相对集中，存在资源安全的隐忧。因此，中国一方面需要维护和这些资源供应国良好的外交关系，继续推行"资源外交"政策；另一方面也需要拓宽资源供应国的范围，降低资源安全的风险。这其中就牵涉到中国的外交政策、经济金融政策、国际贸易政策，甚至是国家的战略目标的整体规划及其相互搭配。也就是说，将资源治理放在一个更高的层次、更广的角度和更大的系统中去看待，而不仅仅局限于资源问题本身。

值得一提的是，"一带一路"构想恰好与这种资源治理观念不谋而合。《引领新常态：中国与全球资源治理》这一研究报告指出,"一带一路"所带来的其中一个好处便是扩大中国出口市场以及确保输往中国的原材料在亚欧大陆陆地及海上通道的安全。在自然资源方面,"一带一路"沿线国家的天然气储备占全球50%、煤占25%、铁矿石占20%。其中,丝绸之路经济带沿线国家拥有的天然气和石油储量分别约占全球的50%和16%。而"海上丝绸之路"沿线国家的油气储量仅占全球的1%和3%,虽然如此,共建"海上丝绸之路"的第一要务并不是资源贸易,"海上丝绸之路"在中国加强能源安全问题上扮演了重要角色,保证了来自中东的石油安全运输到中国。伴随着"一带一路"战略的实施,亚洲投资银行的成立为这一战略提供了金融、资金上的支持,而中国也正在积极地加入和倡议新的双边贸易和多边贸易协定。

当然,"一带一路"也存在着一定的风险和挑战。尤其是沿线国家政治的不稳定造成了贸易关系、投资关系的不稳定。但是,"一带一路"提供了一种很好的战略眼光和思路,即更加立体地将经济增长与资源治理联系在一起,这是今后中国以及其他经济体跨越增长的极限所应具有的思维。

3. 中国必须通过绿色科技创新来跨越增长的极限。正如之前所分析的,科技创新(技术进步)在理论上是经济增长模型的关键变量,在实际中也是决定经济是否能够持续不断增长

第六章

的关键因素。然而，面对日益加剧的全球资源和环境危机，这一外在的约束条件决定了科技创新（技术进步）未来的方向，这也是第四次工业革命与前三次工业革命的本质区别。

绿色工业革命的目标首先是实现碳排放的"脱钩"，要实现这一目标，可以从三方面来考虑：一是采用能耗更低、更清洁的方式使用化石能源，使单位能耗的污染强度下降；二是促使化石能源的使用与经济产出之间"脱钩"，尽量减少化石能源在经济生产和消费中所占的比重；三是促进非化石能源、可再生能源、绿色能源的大幅上升，并促进这类能源的利用最终占据主导地位。这三个方面指出了未来绿色科技创新的方向。

更大的设想是在碳排放"脱钩"的基础之上，加快转变经济发展方式，促使生态资本相关要素的"全面脱钩"，包括土地资源、水资源、生态环境资源，等等。这与著名经济学家斯蒂格利茨的观点比较类似，即用技术进步使人工资本代替自然资本，但两者有一个很大的区别，这就是：绿色科技创新的目标是为了更好地保护自然资源，而斯蒂格利茨的观点则有忽视自然资源对人类的重要性之嫌。当然，要实现这一目标，需要技术、制度、组织管理和各种资本投入等多方面因素协同改变现有的生产方式，来提高资源利用的效率，并且尽早达到各类资源使用的"峰值"，从而在未来实现生态资本要素的"盈余"。

绿色科技创新的方向,正是中国现今所面临的挑战和可行的出路。然而,在如今"大众创业、万众创新"的形势下,真正朝着绿色科技创新的方向发展的创新并不多,政府在这一政策推出的同时应该加以引导和鼓励,将社会的创新活动与所要实现的战略目标相结合。只有这样,才能集中力量、发挥优势,集大众的智慧,以绿色创新的新经济发展模式来跨越增长的极限,在第四次工业革命的浪潮中实现大国崛起的梦想。

第七章

开放与共赢：中国如何走向世界？

在世界近现代史中，大国的兴衰成败，为我们留下了各具特色的发展道路和经验教训。历史证明：开放则兴，闭锁则衰。当前中国正走在中华民族伟大复兴的道路上，这一进程关乎中国未来的发展方向，同时也深刻地影响着世界格局。今日中国所面临的发展矛盾和崛起难度不容低估。我们应该实施何种战略，重新走向世界，走出自主开放的大国崛起之路，形成中国特色的科学发展模式？未来中国须从全方位对外开放走向"相互开放与融合"，从融入型开放进入到影响型开放，从经济崛起转向文明崛起，以主动开放赢得长期发展空间，从主要向发达国家开放转向主动拓展对发展中国家的开放，从融入国际秩序到主动建构新秩序，用"一带一路"构想、亚投行等开放战略来赢得更安全、有利的国际环境，积极拓展多双边经贸关系，构建衔接紧密，优势互补的产业链、价值链，实现与更多国家和地区的互利合作与利益共享。

从体量上看，在国际贸易和投资排行榜上，中国是名副其实的重量级选手、超级优等生：全球第一大货物贸易大国和第一大出口国，第二大服务贸易国，第一大吸引外资国和第二大对外投资国。近年来屡见报端的海外爆买，又给中国贴上了"土豪"的标签。然而，我们却也看到：中国出口8亿件衬衫才能换取一架飞机；一年可以制造55亿支圆珠笔，但关键技术的笔芯却要依赖进口；虽然苹果手机在中国制造，但大多数元件却在其他国家生产，仅有组装在中国完成。在一部苹果手机的价格中，日本、德国、韩国各自能从中获得34％、17％、13％的价值，而我国只能拿到3.6％；巨额消费能力流失海外。那么，开放给我们带来了什么？中国是真强大了，还是虚胖？真实的国际地位和购买力如何？海外爆买背后的隐疾是什么？中国应以怎样的形象再次崛起于世界？

从公元元年到19世纪初，中国一直处于世界的前列，是世界第一经济大国，经济总量占世界的20％以上，远远领先于其他国家。即使到了1840年鸦片战争时期，中国的经济总量仍占全世界的33％，而英国GDP仅占全世界的5％；1894年到1895年中日甲午战争期间，中国经济总量数十倍于日本。

然而,中国这个经济大国此后却经历了百年磨难,综合国力极速衰落。在历经一系列动荡后,在过去 30 多年中,中国通过改革开放,主动融入全球合作与分工体系,实现了经济与社会的巨大发展和综合国力的显著提升。世界银行曾评论说,中国是在全球化进程中少数几个获益较多的发展中经济体。

我国现阶段所面临的国际环境、所处的发展阶段,与改革开放之初有很大不同。(1)经济全球化步伐减缓,世界经济由繁荣期进入衰退期,各国都在寻找新的经济增长点。(2)新的科技革命和产业变革正在酝酿。(3)欧美发达国家调整本国经济发展思路,例如,美国推出了"制造业复兴""再工业化""先进制造业伙伴计划"等,德国提出了"工业4.0"高科技战略计划,日本出台以"日本再兴战略"为名的经济增长战略和中长期经济财政运营指引,韩国提出"新增动力战略",法国政府也推出了"新工业法国"战略。(4)以美国为首的西方国家着力推进更高标准的国际贸易与投资新规则,试图重构全球经济版图。新兴经济体在国际秩序重构中获得发展机会,借助成本优势吸纳外国资本,承接产业转移,与中国在诸多传统领域形成竞争新格局,等等。(5)中国要素条件变化,传统比较优势弱化,对外贸易增速减慢,对外开放的"全球化红利"和"要素红利"均发生实质性变化。

第七章

在这样的背景下,中国应实施何种战略,才能重新走向世界的中心,实现中华民族的伟大复兴?

《中共中央关于制定国民经济和社会发展第十三个五年规划的建议》提出了"创新、协调、绿色、开放、共享"五大发展理念。强调指出,坚持开放发展,必须顺应我国经济深度融入世界经济的趋势,发展更高层次的开放型经济,积极参与全球经济治理和公共产品供给,提高我国在全球经济治理中的制度性话语权,构建广泛的利益共同体。实践证明,只有坚持对外开放,深度融入世界经济,充分利用各种资源,才能实现可持续发展和综合国力的提升。因此,中国必须从全方位对外开放走向"相互开放与融合",从融入型开放进入到影响型开放,并从经济崛起转向文明崛起,从而以主动开放建构赢得长期发展空间,从主要向发达国家开放转而主动拓展对发展中国家的开放,从融入国际秩序到主动建构新秩序,用"一带一路"构想、亚投行等开放战略来赢得更安全、有利的国际环境,积极拓展双边或多边经贸关系,坚持平等互利、协商共建的原则,形成联系密切、优势互补的跨国产业链,实现与更多国家和地区的合作共赢与利益共享。

开放是大国崛起之路吗？

纵观人类历史，我们发现，大国崛起的一个重要原因是开放。

上个千年之初，欧洲国家力图通过贸易从中国和东南亚的香料群岛获取丝绸和香料等，而那时基督徒和穆斯林正为争夺耶路撒冷征战不休。东西方贸易当时只能依靠意大利的威尼斯和热那亚两个城市以及埃及的亚历山大通过地中海的航线加以维系，巨大的市场需求难以满足，迫切需要开辟一条新的、连接东西方的贸易通道，拓展欧、亚商业关系。

公元1143年，葡萄牙立国。在国王恩里克的带领下，葡萄牙启动了征服大海的行程。1497年葡萄牙航海家达·伽马远航，绕过非洲最南端的好望角，经莫桑比克等地，于1498年5月到达印度西南部卡里库特，避开了穆斯林控制区，率先实现了与东方的直接贸易。这条航路的通航是葡萄牙和欧洲其他国家在亚洲从事殖民活动的开端，葡萄牙也由此成为当时欧亚开放的桥头堡。葡萄牙的近邻西班牙也看到了海洋蕴含的巨

第七章

大财富。哥伦布发现美洲,带来了欧洲与美洲的持续接触。在此基础上,1521 年麦哲伦绕过南美洲,横渡太平洋到达菲律宾,开辟了一条全新的贸易路线。新航路的开辟,使欧洲同非洲、美洲和亚洲之间的贸易开展成为可能。

1853 年"黑船事件"美国以武力迫使日本打开国门。此事件使日本深刻认识到了封建体制的腐朽,下定决心弃旧图新,敞开国门,和当时西方先进的国家充分接触和交流,学习欧美工业化的新型文明。1871 年日本派遣使节出使欧美各国,使节团几乎囊括了当时日本新政权的主要成员,这些成员是后来日本明治维新的重要力量。明治政府上台后,大力引进西方技术,日本政府经济部门和私营企业还与欧美企业缔结许可证生产合同、技术协作合同等,并通过反求工程(即倒序制造)快速消化吸收西方先进技术,成功实现了技术转移和本土化。明治维新时期,日本亦选派众多留学生到英、美、法、德等国家留学,为日本的崛起培养了大量的优秀人才。通过明治维新这一划时代的资产阶级改革运动,日本成功地从一个闭关锁国的封建国家转变为资本主义国家。

早期的殖民掠夺为葡萄牙、西班牙、荷兰的崛起提供了资本原始积累,日本在明治维新后也迅速走向了对外扩张和侵略。虽然说这样的"开放"对一个国家综合国力的增强起了十分重要的作用，但这样的崛起方式却给通商各国的文明进程带来了深重灾难。唯有和平崛起才能促进世界文明和谐时代的到来，互利共赢的开放战略是现实的必然选择。

下面我们来看一下中国的开放历程。从中可以发现，中华民族强盛的时候都是自信而开放的，而经贸和文化交流又促进了中原王朝政治和经济的发展。这一正反馈进程往往都是由内乱所打破。历史证明，开放则兴，封闭则衰。

秦始皇统一中国之后，即派重兵攻百越，开灵渠，沟通了长江和珠江水系，不仅将西南纳入版图，更是促进了中原与西南乃至东南亚的物质和文化交流。

汉武帝为夹击匈奴，派张骞出使西域，从此叩开西域之门。西汉设立西域都护府，屯田戍边，对西域地区进行有效统治，"汉之号令班西域矣"，"最凡国五十，自译长、城长、君、监、吏、大禄、百长、千长、都尉、且渠、当户、将、相至侯、王，皆佩汉印绶，凡三百七十六人"，这为最终解决匈奴问题发挥了重要作用；丝绸之路的开辟，沟通了东到西汉，西到罗马的整个欧亚大陆。这不仅是商贸之路，也是东西方的经济、政治、文化、技术进行交流的主要道路；西域的核桃、葡萄、石榴、蚕豆、苜蓿等十几种植物，逐渐在中原栽培，龟兹的乐曲和胡琴等乐器，丰富了汉族人民的文化生活，西域的良

第七章

马、骆驼和各种毛织品、毛皮陆续传入中国，同时西域的开拓也为日后佛教传入中国提供了通道。

与陆上丝绸之路相对应的是海上丝绸之路。早在西汉时期，就已经开通了南方南粤国与印度半岛之间的海路。汉武帝灭南粤后，凭借海路拓宽了贸易规模，海上丝绸之路开始兴起。丝绸之路在人类发展史上第一次实现了中西方物质特产和精神智慧的大融合，对促成汉朝的兴盛产生了积极作用。

到魏晋南北朝时期，丝绸之路进一步拓展为西北丝绸之路（又叫绿洲丝绸之路或沙漠丝绸之路）、西南丝绸之路（又叫永昌丝绸之路）以及海上丝绸之路三条。这一时期，中西之间通过丝绸之路，广泛进行经济贸易和生产技术的交流，政治、文化、宗教方面的联系也更为紧密。

随着鲜卑化的汉人李唐统治者以前所未有的开放、包容和进取的姿态出现在历史舞台上，以海纳百川的广阔胸襟和蓬勃朝气开创了"贞观之治"和"开元盛世"。唐太宗李世民相信"盖恩泽恰，则四夷可使如一家；猜忌多，则骨肉不免仇敌"。一方面初唐开疆拓土，设立六大都护府，其统治疆域拓展至中南半岛、朝鲜半岛、西域和河中地区。随着唐朝政府对丝绸之路的开发，大量中国的丝绸、瓷器、茶叶等通过大运河运送到洛阳、长安，然后通过丝绸之路远销中亚与欧洲，唐与西方的联系不断增强，通使及商业往来十分活跃。另一方面唐朝强盛的国力，先进的政治制度和繁荣的社会经济，使边地民族慕风向化，中原王朝则开放、宽容，各民族文化相互交融，兼收并蓄，造就了唐代的开明和繁荣，统一的多民族国家也日臻巩固，向世界展现了中华民族的繁荣强盛与勃勃生机。随着我国造船、航海技术的发展，唐代我国通往东南亚、马六甲海峡、印度洋、红海，以及非洲大陆的航路纷纷开通且持续延伸。由此，海上丝绸之路替代陆上丝绸之路，成为唐代对外交往的主要通道。

宋朝对外交往进入频繁时期，自北宋开始，封建社会中商品经济发展，内外贸易繁荣，对外航运也突飞猛进，尤其是海上运输在世界名列前茅。南宋的外贸所得，在财政收入中占重要地位。宋元时代，在南中国海和印度洋上中国船队是最活跃的船队。对外交往东达朝鲜、日本，西至阿拉伯半岛和非洲东海岸一些国家。

到了元朝，丝绸之路相对畅通，欧亚大陆之间各种层次的经济交流密切，形成了一大批东西方国际贸易枢纽，或与国际贸易有密切关系的地区性、民族性商品市场和物资集散地。元朝采用重商主义政策，大力发展海外贸易，还制定了中国历史上第一部系统性较强的外贸管理法则。那时同中国进行贸易的

第七章

国家和地区已扩大到亚、非、欧、美各大洲，海上丝绸之路也进入了鼎盛时期。

明朝前期海上丝绸之路进入极盛时期，航线已扩展至全球。明成祖派遣郑和七下西洋，曾到达亚洲、非洲的 30 多个国家和地区，最远到达非洲东海岸和红海沿岸地区，这对后来达·伽马开辟欧洲到印度的地方航线，以及对麦哲伦的环球航行都具有先导作用。中国迟至明朝中叶，众多科技还处于世界领先地位，例如造船、天文、医学、数学、农学、冶铁等。郑和下西洋展示了远领先于世界的造船技术、航海技术。但是，明朝从明太祖开始就奉行以"寸板不许下海"为代表的闭关锁国政策，禁止中国人赴海外经商，也限制外国商人到中国进行贸易。永乐年间，虽然有郑和下西洋的壮举，但是放开的只是朝贡贸易，之后甚至完全销毁了郑和下西洋的档案。

清朝出于防汉制夷的政治考量，配套施行了空前绝后的闭关锁国政策，曾下令沿海省份"无许片帆入海，违者立置重典"，甚至实行了残酷的"沿海迁界"。由于推行闭关锁国政策，中国的发展步伐越来越沉重，越来越缓慢，八股取士也极大地禁锢了中国人的思想。鸦片战争后，中国海权丧失，从此，海上丝路一蹶不振。鸦片战争使中国被动开放国门，从此陷入长达百年的最严重的危机和苦难中。

综上所述,中国近代的开放历程大体经历了以下三个时期:

被动式对外开放。从鸦片战争到新中国建立的109年间,中华民族在殖民主义、帝国主义的炮舰欺压下,被迫打开国门,这一时期的开放是不平等地向西方世界开放。中国的经济实力、科技实力与国际先进水平的差距明显拉大。

一边倒式的对外开放。新中国成立后,美国等国家对我国实行孤立封锁政策,妄图扼杀新中国于摇篮之中。为此新中国初期的对外方针是"另起炉灶"和"一边倒",在新中国成立后的一段时间里,实行向苏联、东欧以及周边社会主义国家开放的政策。这种"一边倒"式的对外开放,具有维护国家主权、捍卫民族独立与领土完整的浓厚特征。

主动的对外开放。1978年底召开的中共十一届三中全会,拨乱反正,重新确立了解放思想、实事求是的思想路线,制定了改革开放的内政外交政策。这一时段的对外开放主要分为三个发展阶段。

第一阶段:1978—1991年。这是以沿海地区开放为重点的探索开放阶段,以重点开放沿海地区,建立经济特区并实行特殊优惠政策为主要特征。1978年,中国共产党十一届三中全会确立了以经济建设为中心、实行改革开放、加快社会主义

第七章

现代化建设的路线,并明确提出:"在自力更生的基础上积极发展同世界各国平等互利的经济合作,努力采用世界先进技术和先进设备。"1979年,广东、福建两省率先开放,对外经济活动实施特殊政策和灵活措施。1980年5月,中央决定设立深圳、珠海、汕头、厦门经济特区,成为我国对外开放的先导示范基地。接着,我国沿海地区对外开放由点到线、由线到面逐步展开,到20世纪80年代末期形成了较为完善的沿海开放地带。我国的对外开放在地域上由南到北、由东到西层层推进,顺序形成了"经济特区—沿海开放城市—沿海经济开放区—沿江和内陆开放城市—沿边开放城市"这样一个宽领域、多层次、有重点、点线面结合的对外开放格局。这个阶段的改革开放,明显地带有试验性和探索性的特点。

第二阶段:1992—2000年。对外开放加速向纵深推进,全方位开放格局基本形成,是建立有中国特色社会主义市场经济体制的阶段。1992年邓小平视察武昌、深圳、珠海、上海等地并发表重要讲话,提出了生产力标准、三个"有利于"等一系列新思想,为中国改革开放之路奠定了思想基础。1994年,中共十四届三中全会通过了《中共中央关于建立社会主义市场经济体制若干问题的决定》,首次提出"发展开放型经济,与国际互接互补"。此后我国在全国范围内全面推进开放进程,协同推动沿海、内陆、沿边开放,全方位的区域开放格局很快形成。通过实施一系列鼓励扩大开放的举措,我国的贸易结构不断优化,国际分工地位持续上升。

第三阶段:2001年至今。经历了15年曲折与漫长的谈判后,2001年12月11日,我国正式成为世界贸易组织(WTO)成员。从此,中国进一步融入全球化进程,由有限范围和领域内的开放,转变为多层次、全方位、宽领域的开放;由以试点为特征的政策性开放,转变为在法律框架下的制度性开放;由单方面为主的自我开放,转变为与WTO成员之间的相互开放。中共十七大报告提出"拓展对外开放的广度和深度,提高开放型经济水平"。十八大进一步要求"全面提高开放型经济水平"。这一阶段我国顺利渡过了WTO过渡期,对外经济贸易飞速发展,综合国力大幅提升,成为举世瞩目的贸易大国。

改革开放使中国取得巨大的经济与社会发展成就,为中国带来"开放红利"。通过坚持开放发展,主动融入经济全球化进程,秉承互利共赢的开放战略,发挥并持续提升比较优势,渐进式推进开放进程,中国重新站到了世界的中心,在大国崛起的历史上谱写了新的篇章。

1978年,中国国内生产总值只有3650.2亿元,人均国内生产总值仅382元,居世界低收入国家行列。而2015年,中

第七章

国国内生产总值达 676708 亿元（初步核算值），居世界第二位，仅次于美国；人均国内生产总值达到 5.2 万元，约合 8016 美元。中国从一个依靠初级产品出口的经贸"小国"，成为制成品出口大国，进出口规模迅速扩大，国际分工中的地位显著提升，贸易方式、贸易主体、商品结构、市场多元化、贸易条件以及对经济社会发展的贡献等方面，均呈现出不断优化的发展态势。1978 年，中国对外贸易世界排名第 32 位。目前我国已经是全球第一大货物贸易大国和第一大出口国。服务贸易增长迅速，进出口总额从 1982 年的 44 亿美元增长到 2015 年的 7130 亿美元，是 1982 年的 162 倍。服务进出口总额占对外贸易总额（货物和服务进出口之和）的比重从 1982 年的 9.4% 提高到 2015 年的 15.4%，高附加值服务出口规模进一步扩大。利用外资方面，2014 年中国大陆首次超越美国，成为全球外国直接投资第一大接收方。同年中国对外投资流量首超日本，成为世界第二大对外投资国。智库报告预计，2022 年，中国对外投资流量有望达 3673 亿美元，将超越美国成为全球第一大投资国。

然而，我们也需要认识到，虽然中国在国际分工中的地位取得了历史性跨越，但从全球价值链分工角度说，我们的国际地位还不高。全球价值链贸易时代，真正体现要素禀赋差异和要素流动的是产品的生产分工环节,每个经济体只是产品价值链中的一环。一国贸易的真实情况并不能完全体现在规模和速度上,而是更集中反映在一国所创造的增加值上。21世纪以来,以跨国公司为主导的要素和产业价值链纵向分工方式的形成和高度细分化,推动了产业在国家间的新一轮转移,即发达国家跨国公司占据研发、品牌销售渠道等高端环节,而把加工、组装、制造等相对劳动密集度高的产业环节转移到像中国这样的低成本国家。全球价值链分工赋予了各环节不对称的垄断势力。处于价值链高端位置的国家可能利用其全球定价权和技术垄断优势阻碍价值链低端国家向高附加值环节转移升级,甚至实施"技术锁定";同时,分工地位临近的发展中国家从事的制造加工等非战略性环节由于进入壁垒较低,造成过度竞争和产能过剩。

改革开放以来,中国主要通过加工贸易和大量引进外资的方式切入全球价值链。自2009年起,中国制造业规模超过美国成为世界第一制造大国,但中国的优势主要集中在制造环节,研发和营销两端薄弱,形成了中国制造在全球价值链上的"低端锁定",低端产能过剩,核心技术受制于人,具有自主知识产权和自有品牌的产品不多,技术含量和附加价值偏低,对全球产业链的整体控制和治理能力偏弱,虚胖的贸易体量还加

第七章

剧了我国与主要贸易伙伴之间的摩擦,同时带来了更大的资源和环境压力。出口产品的标准较欧盟、美国等发达国家的标准低,致使我国产品多次被欧盟非食用消费品快速预警系统(RAPEX)通报,通报比例居世界各国首位;出口产品缺乏自主知识产权及自主品牌,据测算,我国自主品牌产品出口金额比重不足10%。鼓励加工贸易的各种措施虽然加快了国际化的进程,但对国内经济增长的作用有限。按照增加值贸易核算法,我国单位出口的增加值含量较低。分行业看,农业、服务业以及纺织服装、家具制造等传统产业单位出口的国内增加值含量较高,而机械制造产品等高科技产品以及石油化工等产品单位出口的国内增加值含量较低。因而,中国目前只是贸易大国,远非贸易强国,要实现在全球价值链上的攀升,还需付出艰苦的努力。

中国对外开放面临怎样的契机与挑战？

过去30多年中，中国经济的增长在很大程度上是建立在外需基础上的。新常态下，中国正面临对外开放战略布局的重大契机和严峻挑战。

1. 中国需主动应对国际贸易投资规则重构。金融危机以来，世界经济进入了一个国际贸易投资规则重构的新时代。在金融资本主义时代，新一轮全球化博弈已从纯粹的"市场之争"转向深层次的国际贸易"规则之争"。现存的国际贸易与投资规则制定权主要掌握在欧美发达国家手中。目前，美国力推TPP（跨太平洋经济伙伴关系协定）、TTIP（跨大西洋贸易与投资伙伴协定）、PSA（诸（多）边服务业协议）等谈判，力图为国际贸易和投资重新设定规则。这些规则是基于发达国家已经达到的高水平和经济发展需求制订的，要求全面实行高标准的贸易投资自由化，大幅度开放服务业，施行对政府干预的限制以及严格的环境标准、社会责任标准、知识产权标准等。这三大协议覆盖广、标准高，将重构当前国际贸易投资规

第七章

则,重新划分全球经济政治利益,形成市场准入屏障,使中国等国家难以加入,在新规则的制定中无发言权,从而阻隔中国经济影响力在全球的扩展。中国因"国家干预,强力控制市场经济",与金砖国家全部被排除在这三个协议之外,中国排名前10位的贸易伙伴基本也被拉走。这种以意识形态划线,对中国进行制度性歧视的做法,被称为全球"ABC"战略即"Anyone But China——除去中国谁都可参加"。

一方面,这些新规则对中国构成了较大挑战。从经济方面看,中国对外贸易和投资空间受限,导致经济增速降低。贸易方面,TPP和TTIP实施后,贸易创造和贸易转移效应会刺激区内贸易出口,中国出口在贸易壁垒等因素的影响下,竞争优势削弱,出口受阻。美国东西方研究中心(EWC)指出,"不仅中国的农业、服务业等弱势行业出口规模可能出现下降,纺织服装、机械电子等传统优势行业也难以幸免";另据美国国民经济研究局测算,新规则的实施将导致中国出口整体负增长。投资方面,新的国际投资贸易规则中有关劳工、国企、知识产权等方面的规定将给中国引入外资及中国企业"走出去"带来限制,不利于中国提升在全球价值链中的地位。经济增长方面,根据美国国际贸易委员会预计,中国GDP年均增速可能会降低0.3个百分点。政治和安全方面,TPP、TTIP对

APEC、WTO具有一定的替代性,可能会干扰东亚经济一体化进程,对中国在亚太地区的政治和安全地位带来不利影响,挤压中国的正当利益和战略空间。

另一方面,区域化规则可能形成对全球规则的替代。长期没有实质性进展的多哈回合谈判使得世贸组织滞后于全球经济的变化,贸易全球化遇到较大障碍。金融危机后,世界经济陷入持续低迷,各国更加注重维护自己利益,全球化进程一时难于取得明显进展。与此同时,区域经济合作与一体化发展迅猛,自由贸易区、自贸协定、共同市场、货币联盟等区域经济合作与贸易投资一体化机制与安排不断涌现。在未来一段时间内,贸易投资一体化、自由化等制度安排和规则将主要通过区域合作的形式实现。

世界主要经济体纷纷以国际经济新局势为导向,对业已签订的双边投资条约(BIT)进行修订,或者制订新的BIT范本。

2. 中国需破解外部增长动力削弱,内部传统优势弱化的现实困境。从外部环境看,当前国际金融危机深层次影响继续显现,世界经济仍呈复苏乏力态势,下行风险加大,全球总体经济环境低迷。发达经济体总需求疲弱,长期增长率不高,新兴经济体总体增长率明显放缓,国际市场萎缩;全球贸易低

第七章

迷，大大提高了贸易保护和竞争性汇率贬值的风险；发达国家积极实施产业回归和"再工业化"战略，使我国制造业利用外资增幅下降；发展中国家大力推进工业化进程，加快发展外向型产业，导致我国产业和订单向外转移趋势明显，进一步加剧竞争环境，致使中国面临着发达国家"高端回流"和发展中国家"中低端分流"的双向挤压，外贸增长动力将大大削弱。

从内部来看，我国参与国际分工的地位和竞争优势发生了较大变化，要素成本持续攀升，资源环境约束加大，传统比较优势弱化，新的竞争优势尚未形成。前期我国最大的比较优势是丰富而廉价的劳动力，然而，随着人口结构的变化，人口老龄化发展，农业富余劳动力减少，2015年中国农民工首次出现零增长甚至负增长，农村劳动力纷纷返乡，劳动力供给不足，机器替代人工有限，要素的规模驱动力减弱，我国人口红利逐步消失。根据国家统计局公布的数据，2014年16—60周岁的劳动年龄人口比上年末减少371万人，这是我国劳动年龄人口连续第三年绝对数量下降。业内普遍认为这一下降趋势短期内不会改变。劳动力成本不断上涨，2005年以前，农民工月平均工资不足1000元；此后农民工工资开始缓步攀升，到2015年，全国农民工月均收入水平3072元，突破3000元的关口，比上年增长7.2%。不仅如此，全社会的整体工资水平都有所上升,与东南亚、南亚的一些国家相比,已不具优势。比如,印度、印尼劳动力成本约为我国的1/2,越南劳动力成本约为我国的1/3,柬埔寨劳动力成本约为我国的1/4。动态来看,中国正处于艰难的结构调整期,以前具有明显比较优势的劳动与资源密集型产品,其比较优势明显弱化。中国制造业利用外资整体比重下降,出口订单快速向周边国家转移,不仅纺织服装等传统优势产品在发达国家的市场份额明显下降,低端机电产品的出口增速也开始落后于部分周边国家,市场份额被逐步蚕食。装备制造等新兴产业虽然发展较快,但企业掌握的关键核心技术少,技术创新能力不强,缺乏开拓国际市场的经验,支持相关产品出口的金融和财税政策、体制机制不完善,出口潜力难以得到充分发挥。此外,跨境电商、融资租赁等新兴贸易方式发展面临诸多障碍,贸易便利化程度有待进一步提高。

3. 贸易保护主义抬头对中国外贸转型升级形成冲击。金融危机后,全球经济持续低迷,国际市场需求疲弱,全球贸易明显低于世界经济增速。外部环境趋紧,全球贸易保护主义有所抬头,美国提出的"购买美国货"条款使贸易保护主义呈进一步蔓延趋势,越来越多的国家以维护经济安全和保护本国幼稚产业为由,出台了形形色色的贸易保护措施,阻挠其他国

第七章

家,特别是新兴国家企业出口。从传统的关税和非关税壁垒,到技术性贸易壁垒、行业标准等,以及产业保护主义,当前贸易保护主义的形式更加复杂多样,隐蔽性更强。高筑贸易壁垒将加剧各国间的紧张关系,加深全球性的经济贸易萧条。全球贸易摩擦依然高发,多边贸易体制遭遇新挫折。由于中国外贸出口市场布局还不够均衡,出口产品与发达国家和发展中国家产品的竞争都不同程度地加剧,容易引发贸易摩擦。近年来针对中国产品的贸易摩擦有增无减,受影响范围很广,特别是高科技产品成为摩擦的新热点,涉及产品多,且涉案金额大,对中国外贸的转型升级产生了较大冲击。一些贸易强国不断强化贸易救济调查执法,放宽立案标准,实施更为严格的反倾销和反补贴调查规则,对中国出口企业裁定以较高反倾销和反补贴税率。新兴经济体经济增长明显放缓,一些国家制造业陷入困境,产业保护的呼声上升,致使对中国的贸易摩擦也日益增多。一些自由贸易协定、自贸区、货币区等经贸或金融安排可能导致WTO不同成员之间形成相对封闭的经贸集团,区域贸易自由化有取代全球贸易自由化之势,对协定之外的国家和地区将产生挤出效应。

4. 中国需在新型国际分工模式下重新寻找坐标。历史上的大国崛起,都是沿着"科技领先－装备领先－经济领先－政治优势"的轨迹来发展的。一国经济的短期快速增长可以通过追加要素投放来实现,但其高效和长期增长则更多地依赖于创新能力的稳定提升,而后者离不开技术进步。科学技术的变革会导致经济增长方式、生产关系与生产方式、社会结构、空间生产以及生活方式的变化。这些新的生产方式、产业形态、商业模式等改变了传统的分工格局——"发达国家技术+发展中国家劳动力+高收入国家市场",生产的片段化、营销的全球化、价值链的一体化成为新的趋势。

新的分工模式可能强化发达国家的领先优势,而使发展中国家落入"低端锁定"的困局。处于制造业高端的美、日、德、英、法等国的竞争力明显增强,在新能源、新材料、生物工程、信息技术等高技术产品和高端服务领域快速发展,高技术产品和服务贸易持续增加。2010—2014年,美国和欧盟出口额年均增长分别为9%和8.2%。金融危机后,世界各国为了寻找促进经济增长的新出路,开始重新重视制造业。如德国推出了工业4.0战略,日本政府公布了"机器人新战略",美国推出了"美国创新战略""实现21世纪智能制造""先进制造业伙伴计划""制造业创新网络计划",英国发布了"英国制造2050"。从发达国家制造业的走向来看,制造业正在不断从硬件向软件、服务、解决方案等无形资产转移,从"物理"到

第七章

"信息"转移,从"群体"到"个体"转移。这些通过信息技术与工业相融合以提升制造业水平的国家产业战略,将会对今后的全球产业布局产生深刻影响。

而目前,中国在这些领域的状况是,企业自主创新能力不足,关键核心技术受制于人。由于主要的利润空间和发展前景都主要集中在价值链分工的两端环节,发达国家凭借先发优势往往占据这些环节,并竭尽所能采用各种手段控制技术的转移和外溢,阻碍这些高端产业环节转移到发展中国家,这会延缓我国的产业升级。

怎样通过进一步开放实现中华民族的伟大复兴？

开放是国家繁荣发展的必由之路。2015 年 5 月 5 日，国务院通过《中共中央国务院关于构建开放型经济新体制的若干意见》，提出了建设开放型经济强国的目标任务，指出，"对外开放是我国的基本国策。当前，世界多极化、经济全球化进一步发展，国际政治经济环境深刻变化，创新引领发展的趋势更加明显。我国改革开放正站在新的起点上，经济结构深度调整，各项改革全面推进，经济发展进入新常态。面对新形势新挑战新任务，要统筹开放型经济顶层设计，加快构建开放型经济新体制，进一步破除体制机制障碍，使对内对外开放相互促进，'引进来'与'走出去'更好结合，以对外开放的主动赢得经济发展和国际竞争的主动，以开放促改革、促发展、促创新，建设开放型经济强国，为实现'两个一百年'奋斗目标和中华民族伟大复兴的中国梦打下坚实基础。"

2015 年 10 月 29 日通过的十八届五中全会公报指出：坚持开放发展，必须顺应我国经济深度融入世界经济的趋势，奉行

第七章

互利共赢的开放战略，发展更高层次的开放型经济，积极参与全球经济治理和公共产品供给，提高我国在全球经济治理中的制度性话语权，构建广泛的利益共同体。"构建开放型经济新体制，关键是改革创新，不仅要着眼于更多的进出口贸易、引进更多更高质量的外资、更大规模的对外投资，更重要的是发展理念、发展方式上的'新'，不是个别政策、个别区域的政策性优惠，而是全方位的体制性开放，是以国际化的眼光来发展经济、完善制度，以全球视野配置资源，是探索新模式、新路径、新体制的系统工程。"

在中国进入新常态后，中国新一轮对外开放有哪些新的变化和举措？在这一进程中，中国应努力塑造中国形象，增强道路自信、理论自信和制度自信，提升中国在全球治理中的地位和作用，由一个国际规则、国际秩序的适应者变成参与制定者，逐步赢得在全球治理体系中的制度性话语权。

1. 对外开放的重点从政策优惠转向制度创新。重视新制度供给，消除制约开放的体制机制障碍，释放制度红利。对外商投资实行准入前国民待遇加负面清单的管理模式；提高对外开放新标准，完善国内法律体系；设立上海以及广东、天津、福建等四个自由贸易试验区，以制度创新代替政策优惠，在与国际接轨的制度规则、法律规范、政府服务、运作模式等方面先行先试,在构建开放型经济新体制、探索区域经济合作新模式、建设法治化营商环境等方面率先实践,为我国深化改革开放、破解改革难题提供可资借鉴的"制度试验池"和可复制可推广的有效经验;通过进一步扩大开放,用市场机制、国际惯例来倒逼传统管理体制机制改革,建立与国际投资贸易新规则相适应的新体制和新机制。

2. 增长的动力从要素驱动转向创新驱动。实施创新驱动战略,增强产业国际竞争力,提升全球价值链分工地位。通过推动"两化融合"、"互联网+行动计划"、"中国制造2025"、供给侧结构性改革等重大战略,营造大众创业、万众创新的环境,释放产业创新活力,激发微观主体的创新创造潜能,提高全要素生产率;顺应国际分工由产品分工转向要素分工的趋势,深度参与全球价值链和国际生产体系,改变生产低端产品、过度依赖外资和以加工贸易为主的传统模式;完善双向投资布局,统筹两个市场、两种资源、两类规则,促进"引进来"和"走出去"协调发展。加大服务业市场化改革和开放力度,分层次、有重点地着重放开服务业领域外资准入限制,增强服务业竞争力,加大研发创新力度,向价值链中高端延伸,并充分利用国际市场和资源服务于国内经济发展方式转变,培育国际竞争新优势。在提高外资利用效率、集聚全球优势资源

第七章

的同时,加快中国企业"走出去"步伐,整合和延伸产业链,不断提高全球资源和市场配置能力。

3. 积极推动自由贸易区建设,深度融入世界经济体系。当前,全球范围内自由贸易区的数量不断增加,自由化水平显著提高。加快实施自由贸易区战略,是中国新一轮对外开放的重要内容,是全面深化改革、构建开放型经济新体制的必然选择,是中国积极参与国际经贸规则制定、争取全球经济治理制度性权力的重要平台。中共十七大把自由贸易区建设上升为国家战略,十八大提出加快实施自由贸易区战略,十八届三中、五中全会进一步要求以周边为基础加快实施自由贸易区战略,形成面向全球的高标准自由贸易区网络。"十三五"规划提出:"加快实施自由贸易区战略,推进区域全面经济伙伴关系协定谈判,推进亚太自由贸易区建设,致力于形成面向全球的高标准自由贸易区网络。"

4. 践行"一带一路"构想构想,增强参与全球治理和区域治理的能力,营造互利共赢的外部环境。习近平总书记在2013年9月和10月先后提出了建设"新丝绸之路经济带"和"21世纪海上丝绸之路"的战略构想,这一构想已经引起了国内和相关国家、地区乃至全世界的高度关注和强烈共鸣。"一带"是指古代内陆丝绸之路的复兴,从中国中西部地区经中亚、西亚一路向西伸展到欧洲;"一路"是指古代海上丝绸之路的复兴,从中国东南沿海经东南亚、南亚穿越阿拉伯海到达北非和东非,并通过红海和波斯湾进入地中海后连接到欧洲。习近平指出,这是一种"创新合作模式",要从"加强政策沟通、道路联通、贸易畅通、货币流通、民心相通"做起,"以点带面、从线到片,逐步形成区域大合作"。这一战略构想涉及政治、经济、人文、国际关系等诸多方面,其"和平、友谊、合作、共赢"的宗旨与古丝绸之路的目的一脉相承。一方面,"一带一路"构想是我国对外开放区域结构转型的需要,通过对外开放地理格局调整,由中西部地区作为新的牵动者,与东部地区一起承担起中国扩大开放的重任。另一方面,这一战略顺应了中国要素流动新趋势。通过政策沟通、道路连通、贸易畅通、货币流通、民心相通这"五通",将中国的生产要素,尤其是优质的过剩产能输送出去,让沿"带"沿"路"的发展中国家和地区共享中国发展的成果。

5. 设立亚投行等多边合作国际开发金融机构,推动国际金融体系和金融治理机制改革发展。中国提出设立亚投行,得到包括英、法、德等50个国家的支持。亚投行不仅是首个中国倡议设立的多边金融机构,也是由发展中国家倡议成立并吸收发达国家加入,成为高标准国际金融机构的成功范例,具有多重意义。(1)通过设立亚投行可以动员更多资金,支持域内

第七章

基础设施建设和互联互通,将为亚洲经济增长注入长久动力,有利于形成周边国家与中国经济的良性互动。(2)服务于南南合作和南北合作。亚投行创新的一大亮点,是发展中国家占多数且拥有较大话语权。这既顺应了国际经济格局的发展变化,也彰显了发展中国家携手推进亚洲区域发展的信心与决心。亚投行57个成员国,涵盖亚洲、大洋洲、欧洲、非洲、拉美等五大洲,以发展中成员国为主体,同时包括大量发达成员国,这一独特优势使其能够成为推进南南合作和南北合作的桥梁和纽带。(3)服务于全球治理。亚投行不仅激励国际金融体系变革,也在开创21世纪全球治理新路径:精益、清洁、绿色,并且将遵循"公开、透明、择优"原则遴选管理层明确写入协定,这是一项区别于现有主要多边开发银行的创新之举,反映了亚投行一贯坚持的现代治理理念。

回顾历史,展望未来,改革开放使我国以世所罕见的速度发展起来,我们从未像今天这样接近实现中华民族伟大复兴的目标。世界在变,中国也在变。当前,中国的对外开放面临着"三期叠加",即世界经济处在深度调整期,全球经济治理变革和新一轮的经贸规则构造期,中国的对外经济关系特别是中国的比较优势的深刻转换期。"开放",作为核心发展理念之一,将为中国经济改革和发展提供永续动力。

第八章

增长与福祉：民众如何共享崛起成果？

在经济发展过程中，经济总量的增加并不一定代表人民福祉的改善，我们必须清醒地看到，改革开放30多年来，中国在获得经济快速增长的同时，也与经济增长所带来的某些痼疾不期而遇，如收入不平等加剧、环境污染严重、腐败问题严重等。这些问题如果不能得到很好的解决，中国经济增长的成果将会大打折扣，经济增长的前景将不容乐观。中共十八届五中全会提出的"共享"发展理念为中国未来的经济增长提供了一个可持续发展方向。根据"共享"理念，经济发展应当服务于全体民众，其成果应在最大程度上为全体民众所共享，从而从真正意义上实现经济福祉的最大化。

改革开放30多年来,中国从一个落后的发展中国家成长为经济总量排名世界第二的经济大国,其成就举世瞩目。但是,经济总量的增加并不一定代表人民福祉的改善,我们必须清醒地看到,在获得经济快速增长的同时,社会经济也存在一些问题,如收入不平等加剧、环境污染严重、腐败问题严重等。必须找出解决的办法。

如何定义和度量经济增长?

狭义地看,经济增长指在一定时期一国总产出或人均产出以一定速度不断增加的现象。这一速度则被称作经济增长率。经济增长率是衡量一个国家或地区总体经济实力增长速度的指标。更一般地,经济增长是指,在一定时间内,一个经济体系生产内部成员生活所需要商品与劳务潜在生产力的扩大(亦即生产可能曲线向外扩张)。生产力的成长主要决定于一个国家自然资源禀赋、实际资本存量累积与质量提升、人力资本积累、技术水平提升以及制度环境改善。因此,经济增长也包括决定生产力之诸多因素的扩展与改善。需要注意的是,经济增长不同于经济发展。如果说经济增长是一个单纯的"量"的概念,那么经济发展就是一个比较复杂的"质"的概念,衡量的是一个国家以经济增长为基础的政治、社会、文化的综合发展。也就是说,经济增长是经济发展的"必要而非充分"条件。

经济增长定义中的总产出通常用国内生产总值(GDP)来衡量。对一国经济增长速度的度量,则通常用经济增长率来表

第八章

示。通常对 GDP 的定义为：一定时期内（一个季度或一年），一个国家或地区的经济中所生产出的全部最终产品和所提供劳务的市场价值总和。一国的 GDP 大幅增长，反映出该国经济发展蓬勃，国民收入增加，消费能力也随之增强。此外，通常更高的 GDP 与一国的教育、医疗等公共服务水平存在正相关关系，因此世界各国或地区经常使用 GDP 来衡量经济发展水平。无论是名义 GDP 还是实际 GDP，都意味着消费、私人投资、政府支出或净出口的增加。作为一个生产指标，GDP 的作用在于：（1）从价值总量角度反映宏观经济运行的总规模和运行状况，为国家制定宏观经济政策、检验宏观政策的合理性提供参考；（2）从发展快慢的角度反映经济增长速度；（3）从结构角度反映一国基本的经济结构，如地区结构、产业结构、投入与产出结构、各地区人均结构以及各阶层人均结构等。人均 GDP 能够表示人均产出水平发展变化，是用于各国进行国际比较时最重要的指标。

如何看待"经济奇迹"背后的问题?

1978年12月,中国共产党第十一届三中全会召开,自此中国经济的一个新时期正式拉开序幕。近40年来,中国经济获得了高速增长,经济体制发生了重大转变,人民生活水平得到极大提高,国家的生产力水平达到了一个新的高度。与同时期的世界其他国家相比,中国经济增长速度名列前茅,创造了世界经济发展史中的"中国模式"。在这个过程中,中国经济遭受了多次金融危机或经济危机的冲击,国内经济体制改革也多次遇到阻碍,但是这些最终都没能阻止中国经济的发展。

第一,中国经济在近40年中取得的成就主要体现在以下方面:

1. 从国内和对外经济总量上看,中国经济综合实力发生了历史性的巨大变化,经济总量快速上升。在新中国成立后不久的1952年,中国GDP仅为679亿元。而在2015年,根据不变价格计算这一数字达到67.67万亿元,是1952年水平的1000倍!在1978年以来的近40年中,GDP年均增长率超过

第八章

9%，与当年的日本、韩国和新加坡经济增长速度相近，成为全球经济增长最快的国家之一。在对外贸易方面，2015年，我国进出口贸易总额达到24.59万亿美元，货物贸易总额居世界第一位。另外，据国家外汇管理局统计，2015年，我国外汇储备达到3.33万亿美元，居世界第一位。

2. 人民生活水平得到了极大提高，数以亿计的居民脱离了贫困，生活整体迈向小康水平。在新中国刚刚建立之时，经历过多年战乱的城乡诸业凋敝，民众生活大多处于极度贫困状态。到改革开放之前，虽然部分产业获得了一定程度的发展，居民生活状态也得到了一定程度的改善，但是由于经济发展并未成为政策关注的焦点，人民总体生活水平依然较为低下。而在1978年后，改革开放真正实现了经济实力的跨越式提高，居民生活全面得到改善。根据可比数据，在1978年，中国农村居民人均纯年收入仅为133.6元，2015年已突破万元；城镇居民人均年可支配收入在1978年为343.4元，2015年增至31195元，城乡居民人均年收入增幅都接近100倍。除了绝对收入数字反映出来巨大改善以外，居民消费构成也发生了重大变化，这一点可以从恩格尔系数的变化反映出来。恩格尔系数是指居民购买的食品支出占总支出的比重。1978年，中国城镇居民的恩格尔系数为57.5，农村居民的恩格尔系数为67.7，说明无论对于城镇居民还是农村居民,其收入都有一半以上花在购买食物上,其他消费支出受到很大程度的抑制。而到了2014年,城乡居民的恩格尔系数分别下降到了35.6和37.9。这说明当前城乡居民有了更多的收入可以花费在除食物以外其他消费品上,居民生活水平得到实质性提高。目前,家用电器、汽车等耐用消费品已大量进入中国城乡居民家庭。此外,居民文化生活也得到了极大丰富。

3. 整体经济结构日益现代化,工业化程度大大提高。新中国成立初期,农业在中国经济结构中占有重要地位,工业发展不足,且结构不合理,以消费品为主的轻工业没有得到足够的重视。企业所有制类型基本为国有,计划调控代替了市场机制的作用。分配体制崇尚绝对平均主义,缺乏对不同努力程度的奖惩激励制度。改革开放后,随着经济的发展和改革的日益深入,上述问题均得到了较大程度的改善:(1)在产业结构方面,农业增加值占GDP比重由1952年的51%下降至2015年的9%,工业增加值从1952年的20.8%上升至2015年的40.5%,服务业从1952年的28.2%上升至2015年的50.5%,实现了第一、二、三次产业的协同优化发展。(2)在第二产业内部实现了结构优化。在第一个五年计划期间,重工业在全部工业部门中的占比由37.3%提高到

第八章

了45％，到1959年达到了58％，工业生产严重向重工业倾斜。到改革开放前期，农业、轻工业和重工业各自的比例为24.8％、32.4％、42.8％，仍处于严重失调的状态。改革开放后，工业部门结构发生了重大转变，轻工业得到了充分重视，轻重工业之间的比例得到改善。（3）在所有制结构方面，经过数次国有企业改革，尤其是世纪之交的大规模国有企业改革后，国有资本已经基本从竞争型领域退出，私营经济、外资经济和股份制经济获得了极大的发展，目前正在通过引入混合所有制的模式对国有企业作进一步的深化改革。（4）在分配体制方面，收入分配制度由原来的绝对平均主义变为按劳分配为主、资本和技术等收入为辅的多种分配方式，同时加强社会保障体制的建设。

4. 基础设施产业获得了巨大发展，为中国经济增长提供了坚实的基础。所谓基础设施产业是指向全社会居民提供水电交通等公共服务的工程设施。由于水电交通等是一个社会赖以正常运转的基础性服务，因此基础设施包括公路、铁路、航运、自来水、管道煤气、电网等。新中国成立以来，经过大规模的投资和建设，我国基础设施得到明显发展和改善，农业、能源、原材料的供给能力迈上新台阶，交通运输、邮电通信形成了纵横交错覆盖全国的网络体系，水利环境、教育、文化、卫生、体育设施显著加强,三峡工程、西气东输、南水北调、青藏铁路、京沪高铁、城市轨道交通等一大批重大项目建设顺利完成或向前推进。

第二,经历了30多年的高速发展后,中国经济不可避免地遭遇了与其他新兴国家或地区相类似的局面,即经济增速放缓,转型压力加大。这具体体现在以下几个方面。

1. 消化产能过剩与过量库存的"去产能""去库存"过程尚未完成。目前工业品价格仍在下行探底,显示早先上游部门产能过剩问题仍然存在,这阻碍了中国制造业投资的回暖。此外,尽管房地产行业的商品房销售略有回升,个别城市甚至再现火爆行情,然而楼市回暖仍局限于部分地区,回升行情稳定性有待观察;另外房地产行业从销售回暖到投资回升通常存在一两年滞后期,房地产投资下行和低位调整尚未结束。目前在投资领域主要依靠政府主导的基础设施投资较快增长支撑局面,要等到消化工业产能过剩与房地产过量库存大体完成后,整体投资才有望恢复自主较快增长并实现经济周期转换。

2. 推进企业兼并重组激活存量资源面临特殊困难,存在较大难度,经济结构失衡调整有待继续,市场机制应当在其中发挥关键作用,应放手让效率低下并失去市场自生能力的企业

第八章

依法退出，以重组资源并推动产业结构转型升级。如果一些需要退出的企业依靠外部输血勉强支撑甚至变成僵死企业，一些杠杆率过高甚至资不抵债的企业受到政策保护难以重组清盘，会妨碍调整进程的顺利推进。

3. 当前中国经济遭遇两方面的金融风险：一方面是经济扩张时期累积下来的银行贷款不良资产率开始上升，债券市场出现违约事件，两类金融风险压力面临上升。这类风险因素在下行调整最后阶段可能会进一步上升。另一方面在金融创新政策的鼓励下，大量打着理财增值服务旗号的 P2P 金融交易平台充斥市场，在互联网金融渗透力空前提升环境下，这些金融交易平台在"无准入门槛、无行业标准、无监管机构"的状态下扩张极为迅速。据有关专业部门统计，自国内首家 P2P 宜信出现到 2014 年底，共产生了近 2000 家 P2P 公司。2014 年以来，P2P 互联网交易平台更以每天两三家的上线速度激增。就成交量而言，2013 年全年成交 1058 亿元，同比扩张 5 倍。到 2015 年 3 月，全国 P2P 网贷参与人数为日均 4.9 万人，同比增长 96.79%，同期 P2P 网贷成交额达 371.27 亿元。这些交易平台通过披露虚假投资信息，以高额回报的名义吸引投资者，由于缺乏必要的监管，一旦出现资金链断裂或投资者集中要求赎回就容易出现资不抵债或法人卷款而逃，影响波及大量投资者，对中国金融稳定造成冲击。

4. 结构调整新旧交替处于相持阶段，即经济结构调整意味着传统产业退出之前对经济发展起到的支柱作用，而需要形成以新的产业支撑为特征的新阶段。但是新产业的投资和市场形成需要时间，目前它尚不足以填补传统产业作用逐步减弱对经济带来的冲击。就区域而言，近年来沿海地区经济增速放缓，而中西部地区的增速较快。但是，由于中西部地区经济总量水平较小，目前增加的速度也不足以抵消东部地区经济增速下滑带来的影响。而且，中西部地区长期存在经济结构不尽合理的问题，其解决也需要投入大量资源和时间。

5. 外部经济环境不确定因素与风险有增无减。后危机时期全球经济格局发生深刻演变，一个突出表现是美欧日等发达经济体对全球经济增长贡献从七成到八成左右下降到三成上下，新兴经济体与发展中国家对全球经济贡献从不到三成上升到近年的七成上下，其中我国增量贡献率在四成上下，高于"七国集团"（G7）整体贡献率。中国与外部经济关系格局朝更加多元与比较平衡方向转变，如近年中国对外贸易增量贡献大约七成来自新兴经济体与发展中国家；中国 FDI 绝大部分仍来自发达国家，然而 ODI 一半以上流向新兴经济体与发展中国家；中国对外工程承包项目接近九成分布在广大新兴经济体

第八章

与发展中国家。

第三,中国经济的高速发展不仅仅体现在与之前本身发展水平之间的比较上,其巨大成就更多地在于与世界其他国家相比较,经济总量和增速都取得了举世瞩目的成就。

经济高速增长使得中国经济在全球所占比例迅速提高。1978年,中国GDP总量为1500亿美元,只占到占全球经济总量的1.8%,排名第10。由于人口众多,人均水平就更低,属于低收入贫穷国家。尽管改革开放为中国经济带来了快速的增长,但是到1998年,中国GDP占全球份额仍然仅为3.7%,排名第6。然而,在之后的10年中,中国经济的强劲增长使得经济总量超过法国、英国、德国、日本,成为全球排名第二的经济体,仅次于美国。2010年,中国GDP总量达9.4万亿美元,占全球的9.4%,该比例是1998年的约3倍。除了经济总量迅速增加,占全球比例大幅攀升外,中国经济地位的提升还体现在其融入全球经济的程度上。1978年,中国进出口贸易总额为206.4亿美元,外贸依存度(进出口总额占GDP比重)仅为9.4%,在全球排在第32位。而到了2015年,中国进出口贸易总额达到3.96万亿美元,排名世界第一。而且进出口商品的结构有了很大的优化,出口商品附加值大幅提高,制造业出口商品在全球价值链上稳步攀升。在2015年出口的商品中，机电产品出口额达 1.31 万亿美元，占出口总额的 57.6%，比 2014 年提高 1.6 个百分点。而劳动密集型产品，如纺织品、服装、箱包、鞋类、玩具、家具、塑料制品等出口额为 4718 亿美元，同比下降 2.7%。这表明中国出口商品结构已经从劳动密集型转为资本密集型或技术密集型，出口质量有很大改善。此外，2015 年，中国高新技术产品进口额同比基本持平，占进口总额的 32.6%；铁矿砂、原油等大宗商品进口量持续保持增长。由于国际市场大宗商品价格下降，2015 年的贸易条件指数为 112.1，这说明出口一定数量的商品可以较上一年多换回 12.1% 的进口商品，贸易条件持续改善。

1978 年至今，中国经济增长率为全球之冠。尽管近年来经济增速有所放缓，从改革开放以来 30 多年的平均 10% 左右降低到去年的 6.9%，但在全球范围内，仍然是首屈一指的高增速。对比发达经济体增速之首——美国的 3%，以及日本和欧洲的 1% 左右，同为金砖国家的南非的 2%、巴西和俄罗斯的负增长，中国经济增速依然引人注目。因此，从发展阶段上看，中国仍然处于高速成长期，正是这种高增长导致了中国国际地位的巨大提升。

在 1978 年至今的这段时期里，世界经济整体增速有限，放眼全球，年均经济增速过 5% 的国家只有 10 个左右，处于

第八章

4%～5%之间的大约20个,位于3%至4%之间的不到20个。通过在世界范围内的对比可知,中国能在过去的30余年中获得如此高速的增长,并在当前依然保持高水平的经济增长速度实在是难能可贵的。

GDP 是对经济增长的完美度量吗?

需要强调的是,以上对于中国和世界经济增长的讨论均基于使用 GDP 对经济增长水平进行度量。作为一个衡量经济总量的指标,GDP 已经为世界各国普遍接受作为衡量一国经济发展水平,评价国力强盛程度的重要依据。然而,由于存在一些固有的缺陷,GDP 在衡量一国人民的福祉水平时存在较为明显的不足,过于依赖 GDP 这单一指标来评价整体经济发展,甚至盲目看重和推崇 GDP 将会带来诸多问题。

GDP 指标的缺陷主要体现在以下方面:

1. GDP 在衡量未计入市场交易行为方面存在缺陷。根据定义,商品和劳务需要在市场上交易从而获得市场价值后才能够计入 GDP 核算。然而,即便是在发达国家,也存在有大量的未进入市场交易的经济活动,如家务劳动等,从而导致这部分活动的经济价值无法进入 GDP,造成 GDP 程度的低估。而在广大的发展中国家,由于市场化程度较低,大量的经济活动因为缺乏市场而没有被计入 GDP 总量。如此看来,发展中国

第八章

家的经济发展水平有可能因为较多经济活动未计入 GDP 而被低估。

2. 地下经济的存在也会造成对 GDP 的低估。与上述自给自足的经济活动因不存在市场而无法计入 GDP 不同，地下经济有供其交易的市场，如黑市、贩毒、非法赌场等，因此有价格和交易量，但是因为这些活动是非法的，并不记入官方统计数据中。这种地下经济在发达国家和发展中国家都不同程度地存在，因而是造成使用 GDP 度量一国经济发展总量有缺陷的原因之一。

3. GDP 无法全面确切地反映一国国民的福祉水平。GDP 指标仅仅用来度量一国经济总量及其变化。但是单纯 GDP 的提高并不能说明居民福利能够保持与 GDP 同步上升。高速的经济增长意味着大量要素的集中投入和竞争的加剧。从要素的机会成本角度来考虑，人们一旦把时间、精力和金钱投入到旨在增加未来产出的生产环节，那么就牺牲了现在就可以享受的闲暇和消费，在这种情况下，很难说人们的实际生活水平与经济保持了同步的增长。此外，高速经济增长下剧烈的竞争带来的压力也会使人们感到焦虑和恐惧，这至少会部分地抵消人们因为收入提高而带来的满足感。再者，GDP 作为一个衡量产出的指标，并不能反映产品的分配情况。如果出现产品分配不公,收入差距拉开过大,那么低收入阶层的福利有可能因为经济增长受到损害,由此带来的社会不稳定和动荡更会对整体社会福利产生极其负面的影响。而这一切均不能在GDP这一总量指标中得到反映。

4. GDP指标不能对一国经济增长的质量做出合适的度量,也不能反映不同国家在经济增长模式上的差异。根据发达国家和发展中国家的经验,在经济发展的早期,大规模工业化都会对空气、水资源等带来严重污染。在这个时期,经济获得了巨大增长,但是生活在污染地区的人们却不得不忍受因为污染带来的病痛折磨。另一方面,仅从GDP数量上无法反映出不同国家经济增长的来源。如果一国以发展高科技产业为主,而另一国却通过发展矿产等资源实现经济增长,那么,即便这两个国家的GDP水平相当,也并不能认为两国有着相似的经济发展水平。此外,在经济发展初期,一国由于生产技术、监管水平和人们消费意识的落后,往往充斥了大量的质量低劣甚至对人体有害的商品,尽管该国能够实现较高的经济增长,但是很难说这样的增长是健康的合理的。

自1978年十一届三中全会召开以来,经济发展成为中国政府的首要目标。为此,中央和地方政府出台了一系列政策举措,以确保这一政策目标的实现,其中包括财政分权制度、官

第八章

员晋升激励制度，等等。在以发展经济为目标以及相关政策措施的引导下，出现了唯经济增长马首是瞻、唯 GDP 论。在这一思路下，不少人把发展单纯地理解为 GDP 的增长，忽视了发展范畴中的其他内容。受唯 GDP 论的误导，经济中出现了大量诸如"形象工程"和"政绩工程"等，其结果是大量资源被用于对改善当地生产效率或提高人民福利水平并无帮助的工程建设。最近一个著名的例子是，作为一个国家级贫困县，广西凤山县原县长在任时花费该县一年财政收入的一半以上用于在进城的山体上画了两只凤凰，以符合该县"凤山"之名，认为此举有利于帮助该县树立声誉，招商引资。

经济增长一定带来福祉吗？

中国经济的增长极大地改善了中国的面貌，人民总体生活水平也得到了相当程度的提高。但是，从另一方面来看，中国经济增长也给资源与环境带来了极大的压力。虽然中国资源丰富，但是中国经济发展长期依靠对自然资源的消耗和对环境的破坏。近期，各级政府针对环境恶化和资源相对不足的问题，采取了各种措施来加强环保，但总体成效有限，资源没有得到合理的利用，浪费现象普遍存在。时至今日，不难发现在社会发展和国民生活水平提高的同时，资源浪费和环境恶化问题也接踵而来。很多地方都因为环境问题而给当地造成巨大损失，甚至有的地方还严重威胁到人们的生存和人类健康。具体而言，中国经济增长带来的问题主要包括以下几个方面：

1. 能耗问题。我国经济增长对能源消耗有较高的依赖性，但同时我国的能源利用效率又偏低，经济高速增长背后的成本过高，这种以大量消耗资源为代价的高增长是难以持续的。根据经验研究的结论，一国能耗强度的演变随经济发展过程呈现

第八章

倒 U 形趋势，即在工业化初期，由于大规模基础设施建设和发展重工业，加之技术水平较低，能耗强度会快速提高，资源紧缺压力加大；而到了工业化后期，能耗强度会随着产业结构的改变和技术水平的提高而逐步下降。对于中国而言，经济高速增长期对应了大规模的城镇化建设和大型重点工程建设，这个时期恰好是能耗水平大幅攀升的时期。目前，中国正面临经济转型和结构调整，相信经历这一阶段后，中国经济有望迎来一个低能耗的集约式发展时期。

2. 环境污染问题。经济高速增长也带来了严重的环境污染，对能源的开采和利用会直接影响环境，导致大量如空气和水污染、土地沙化、环境病流行等，这些环境问题如果不能得到遏制，势必成为严重制约经济发展的障碍。造成当前环境污染严重化的一个主要原因在于：尽管根据有关法律规定，我国的自然资源归由国家及集体所有，但由于资源产权的主体代表并未得到明确，因此各种经济主体在为争夺资源开发权时不顾资源的持续利用，导致严重的资源浪费和生态破坏。我国目前无论是资源的价格还是环境的价格都远远低于市场价格，从而造成能源的过度消费和能源利用的低效率。此外，中国资源环境法律法规还存在大量不完善之处，环保部门执行能力不足，政府没有形成在环境保护方面强有力的激励约束作用。在环保监管上，我们国家的环境保护涉及很多部门，容易产生不一致，部门间协调存在很大难度。而在资源环境审计上，存在环境审计体系不健全、环境审计人员的知识和经验积累不够、对环境审计风险的降低与防范关注度不够等许多现实问题。

3. 收入不平等问题。从 1990 年到 2005 年，中国的进步占全球减贫成果的 3/4，是世界得以实现赤贫人口减半这一联合国千年发展目标的原因所在。但是，中国的收入不平等仍然是亟须解决的重要问题。虽然中国的基尼系数在 2008 年达到峰值 0.491 后逐渐改善，但到 2013 年仍处于 0.473 的较高水平。

中国的收入不平等主要体现在以下方面：一是城乡之间的收入差距大。20 世纪 80 年代以来，城乡居民收入差距开始逐渐拉大，尤其是进入 90 年代以后，收入差距拉大的速率有所加快，差距不断扩大。二是不同行业之间的收入差距大。（1）近年来，一些垄断行业因其垄断地位而能够获得高于一般性行业的收入。（2）由于资源向技术密集型、资本密集型和新兴产业倾斜，这些行业的收入水平也较高。而传统的劳动密集型行业由于竞争激烈、技术水平较低，其收入水平也相对较低。（3）企业高管与普通职工的薪酬差距过大。由于国有垄断行业的企业高管拥有工资分配自主权，因此得以在于企业员工的收

第八章

入分配中为自己订立高额的薪酬。除了薪酬以外，国有企业的高管还能够在日常的职务消费中将很大一部分转化为自身收入，其结果是使得高管和普通职员的收入差距越拉越大，形成严重的收入分配不公。

4. 腐败问题。中国经济增长在缺乏必要的制度监管下带来了严重的腐败问题。通常认为，中国当前的腐败肇始于20世纪80年代的市场经济转型。"双轨制"经济的出现刺激了三方面人员的腐败行为。第一是私人企业家，他们看到了发展更好产品的机会，却苦于没有资源；第二是国企领导，他们可以获取资源，特别是来自国有银行的贷款；第三是地方官员，他们可以通过权力来保护三者之间的腐败性合作。在"双轨制"下，同时存在着市场价格和国家补贴价格，因而，腐败行为的主要表现是，掌握公权力的人将国家补贴价格下的日用品以更高的市场价格倒卖到灰色市场中。直到价格统一后，这些不合法的套利机会才被大大减少。

此外，改革开放初期出现的乡镇企业就是私人利益与政府控制的资源之间的"联姻"。尽管乡镇企业被认为是中国经济发展的先驱模范，但它很难与腐败切断干系。当前中国的腐败问题主要源于一些关键产品的价格扭曲，如土地、能源、资本和劳动力，如经常见诸媒体报端的地方政府与私人开发商合谋占用农民土地等。政府部门对能源价格在不同行业或地域的不同定价也形成了巨大的腐败空间。腐败问题对于中国经济可持续发展和社会稳定带来的伤害是极其严重的,这主要来自于它对社会"公平"观念的严重伤害,对生产要素价格的扭曲以及由此导致的资源错配。

第八章

如何在发展观念上协调增长与福祉?

十八大报告指出,把推动发展的立足点转到提高质量和效益上来,这是党中央深刻总结世界各国发展的经验教训、深入分析国内外发展环境的基础上得出的科学结论。提高经济增长质量和效益的本质在于,经济发展动力应当从之前的由自然资源和资本投入驱动转向生产效率驱动,这意味着生产力水平质的飞跃,要求生产关系领域协调配套推进改革,任务复杂而艰巨。为此,科学界定质量和效益的衡量标准,构建一套可操作性强的考核指标体系,以保证中央决策部署的落实。

2015年4月,环境保护部召开"建立绿色GDP2.0核算体系"专题会,重新启动绿色GDP研究工作。我国对绿色GDP的研究起步于2004年,时任环保总局副局长的潘岳是其主要推动者。由潘岳和时任国家统计局局长李德水共同担任组长的研究小组在2006年公开发布了中国第一份绿色GDP核算报告。然而,在各种"技术难关"、唯GDP发展观等影响下,绿色GDP核算并未得到实施,对于自然资源和环境成本的考量最终也没能进入官员考核指标体系。2015年3月，中共中央政治局在《关于加快推进生态文明建设的意见》中指出，要通过构建自然资源资产负债表、自然资源资产离任审计和生态环境损害赔偿和责任追究等重大制度为突破口，深化生态文明体制改革。相较于2004年环保总局时期的绿色GDP研究，本次重启因其在结构内容与技术手段上的创新，被称为绿色GDP2.0核算体系研究。

绿色GDP的概念最早源自联合国统计署倡导的综合环境经济核算体系，其重点在于把经济活动过程中的资源环境因素反映在国民经济核算体系中，将资源耗减成本、环境退化成本、生态破坏成本以及污染治理成本从GDP总值中予以扣除。显然，这种研究将有助于GDP考核的优化与合理化，能够较为全面地反映经济社会生态发展的真实状况。与现行GDP核算不同，绿色GDP核算采用了可持续发展国内生产总值的概念，其计算办法是从GDP中扣除自然资源耗减价值与环境污染损失价值。1993年，联合国经济和社会事务部在修订的《国民经济核算体系》中提出了相关概念。他们认为可持续发展国内生产总值可分为总值与净值，其中总值为GDP扣减资源耗减成本和环境降级成本，净值是GDP扣减资源耗减成本、环境降级成本和固定资产折旧。

第八章

在联合国提出的可持续发展国内生产总值基础上,中国科学院可持续发展课题研究组提出了绿色 GDP 概念:在 GDP 中扣减自然部分的虚数和人文部分的虚数。被扣减的自然部分的虚数包括:环境污染所造成的环境质量下降、自然资源的退化与配比的不均衡、长期生态质量退化所造成的损失、自然灾害所引起的经济损失、资源稀缺性所引发的成本和物质、能量的不合理利用所导致的损失等。扣减的人文部分的虚数包括:由于疾病和公共卫生条件所导致的支出、由于失业所造成的损失、由于犯罪所造成的损失、由于教育水平低下和文盲状况导致的损失、由于人口数量失控所导致的损失以及由于管理不善(包括决策失误)所造成的损失等。

与现行的 GDP 核算体系相比较,绿色 GDP 核算体系的优点体现在以下几个方面:(1)能够较好地体现经济增长与自然环境之间的统一和国民经济增长的净正效应。通过计算绿色 GDP 占 GDP 比重,能够反映国民经济增长对自然的影响程度;(2)绿色 GDP 核算从 GDP 中扣除环境污染损失和资源耗减价值,是体现人与自然和谐发展的具体手段,有利于推动统筹区域发展、统筹国内发展和对外开放;(3)实施绿色 GDP 核算体系有利于真实衡量和评价经济增长活动的现实效果,克服唯 GDP 政绩观,增强公众的坏境资源保护意识,促进经济增长方式的转变。

考虑到绿色 GDP 在计算方面的复杂性，人类发展指数（HDI）也是可供考虑的新型发展评价指标。1990 年，联合国开发计划署创立了人类发展指数，即以"预期寿命、教育水准和生活质量"三项基础变量，按照一定的计算方法得出的综合指标，并在当年的《人类发展报告》中发布。

1990 年以来，人类发展指数已在指导发展中国家制定相应发展战略方面发挥了极其重要的作用。之后，联合国开发计划署每年都发布世界各国的人类发展指数，并在《人类发展报告》中使用它来衡量各个国家人类发展水平。人类发展指数的编制原则包括：(1) 能度量人类发展的基本内涵；(2) 便于计算并易于管理。(3) 该指数是一个综合指数而不是过多的独立指标。(4) 包括社会选择在内。(5) 应维持指标内涵的灵活性。(6) 有充分可信的数据来源保证。人类发展指数内涵丰富，能够动态反映人类发展状况，为发展中国家制定发展政策提供依据，从而有助于挖掘一国经济发展的潜力，并为该国经济发展成果提供评价依据。

第八章

如何实现增长与福祉并重？

中国经济增长与中国人民福祉不同步的问题,我们必须加以正视,并采取必要手段从根本上进行治理和防范,具体包括:

1. 针对解决当前中国面临的能耗问题,我们提出以下方案:(1) 加快产业结构调整,实现产业升级,以便提高能源利用效率。中国能源利用效率低下,2014 年能源利用效率仅为 36.3%,比发达国家低约 10%;产品消耗与国际先进水平差距较大,能源消耗的浪费惊人,面临石化能源的不断枯竭以及能源消费的增长,我国能源消耗面临着巨大的挑战。造成中国高能耗的关键因素仍然在于产业结构:高能耗产业如钢铁、电解铝、水泥等占比过高,而电子信息、精密制造和第三产业等低能耗产业比重过低。中共十六大以来,中央政府提出要通过转变增长方式,促进产业结构调整来实现经济增长,使得中国未来的经济增长模式符合高技术、高效率、低能耗、低污染的要求。(2) 重点发展包括水电、太阳能、风能、生物质能、地热能和海洋能等在内的可循环利用的可再生能源。目前，中国的水电、太阳能等产业的发展已经较为成熟，并已量化投产，在国内得到了广泛应用。风力发电正在逐步拓展，太阳能及生物质能发电也开始具备了一定基础。近年来，中国可再生能源继续保持了快速增长。到2014年9月底，全国可再生能源发电累计装机容量达4.4037亿千瓦，占国内电力装机容量的30%多，在全球可再生能源利用规模中排名第一。其中，水电规模以上新增装机容量1565万千瓦，溪洛渡、向家坝等一批西电东送标志性大型水电项目投产运行，累计装机容量超过2.9亿千瓦；风电新增装机容量858万千瓦，累计装机容量达到8497万千瓦；光伏发电新增装机容量400万千瓦，累计装机容量超过2000万千瓦；生物质发电新增装机容量90万千瓦，累计装机容量超过940万千瓦。2015年，中国可再生能源投资创下新纪录。2015年全球可再生能源电力和燃料总投资额达2860亿美元，中国投资在其中占据超过1/3的份额。有赖于此，发展中国家对可再生能源的总投资首次超过了发达国家。（3）要坚持开发节约并举，确立节能首要位置。中国人口众多、资源相对不足，必须通过节约资源来实现经济可持续发展。从20世纪80年代初起，中国开始有计划、有组织地开展节能工作，到20世纪末实现了经济增长翻两番、能源消费增长翻一番的

第八章

目标。之后，中国政府先后出台《国务院关于加强节能工作的决定》《节能中长期专项规划》等政策，旨在以提高能源效率为核心，通过转变经济发展方式、调整经济结构、加快技术进步来构建能源资源节约型的产业结构。具体而言，中国全面落实能源节约的措施包括推进产业和工业内部结构调整；加强钢铁、煤炭、电力等产业的工业节能；实施节约替代石油、热电联产、余热利用、建筑节能等重点节能工程；通过综合运用强制采购、节能评估、节能法律等手段加强节能管理；通过各种层次的教育、各类宣传媒体等来倡导社会节能。

2. 关于环境问题方面，需要实现从"高资源消耗、高污染排放、低经济效益"转变为"资源消耗少、环境污染小、经济效益高"的模式，彻底扭转通过牺牲环境为代价来追求经济增长的思路，避免对资源采取掠夺式开发和严重破坏生态环境，通过进行符合规划的生态建设，向和谐型经济转变，实现从"生态赤字"转向"生态盈余"转变。

不仅如此，在监管方面，要加强环保法律制度建设，逐步完善考核监管体制。通过修订完善法律法规，将环境保护作为绩效考核指标纳入地方政府官员考核体系当中。在环保监管方面，应当建立多层次多主体的扁平化监管体系，将行政监管、市场监管和舆论监管相结合，出台措施鼓励群众参与监督。完善环境审计并制定和强化审计职业标准,培养环境审计专业人才,规范环境审计程序。

3. 对于收入不平等问题,应考虑完善市场机制,促进自由竞争,保障进入市场的机会平等。目前导致中国收入不平等问题严重恶化的重要原因,一方面在于市场不完善,城乡差距过大、劳动力市场分割、金融市场不规范和土地市场混乱均对市场竞争形成了阻碍,导致了产出在不同要素所有者之间畸形分配。因此,解决收入不平等的一个重要途径是建立相关市场的竞争秩序,完善市场机制建设,减少各类寻租行为的发生。另一方面,收入不平等需要政府采取诸如完善收入分配体系、促进教育公平、改善农村教育等予以干预。此外,收入不平等还受到诸如医疗健康等因素的影响,因此需要加大对于公共卫生,特别是中西部地区的医疗卫生的支持,重点关注农村基层医疗体系的建设。同时,还需要建立健全社会保障体系,减少社保资源在地区间的差距,提高农村贫困人口的给付水平。

4. 就腐败问题而言,已有大量关于反腐如何影响经济增长的讨论。2014 年,美林银行发布的报告称,反腐至少导致当年中国经济增长减少 0.6 至 1.5 个百分点。而彭博社调查显示,中国政府的反腐运动将在 2020 年使该国国内生产总值提高 0.1 至 0.5 个百分点。随着贿赂对商业的拖累不断得到缓

第八章

解,按美元的现价计算,可能取得了相当于一笔大约高达700亿美元的红利,相当于斯里兰卡的经济规模。

事实上,反腐至少会在以下两个方面对中国经济增长带来积极影响。(1)反腐可以减少市场的不规范因素,促进资源更加合理地分配,提高生产效率。腐败行为的结果会破坏市场竞争,并导致产权界定的不清晰。反腐的根本目的是维护市场竞争秩序,遏制滥用权力带来的恶劣影响,改善资源配置效率。(2)反腐实际上是对企业起到"减税"的作用。正规的政府税收是要上缴国库,用于国家建设的,而因为腐败所产生的这种"课税"却并没有发挥其应有的作用,反而加大了企业的负担。在贿赂风行、暗箱操作、权钱交易的大环境下,企业为求发展,不得不增加自己的灰色支出,而这部分支出是在企业税收之外的。反腐促进了公平规范的市场秩序的形成,减少了权力寻租的行为,从而变相减轻企业的运营负担,保护了市场的主体。因此反腐虽然在短期内会给中国经济造成影响,但从长期看,对中国经济的发展和增进民众福祉是有利的。

后 记

经过几个月的紧张工作,《大国崛起的新政治经济学》一书终于完稿了,我们感到十分高兴和欣慰。

本书以"五大理念"为基础,围绕着"赶超与引领:大国崛起之路如何走?供给与需求:哪一侧决定增长?市场与政府:用什么配置资源?创新与发展:什么是引领未来的第一驱动力?转型与升级:如何提升我国的产业能级?资源与环境:怎样实现绿色经济转型?开放与共赢:中国如何走向世界?增长与福祉:民众如何共享崛起成果?"八个问题展开系统的研究,从制度和历史的视角,借鉴传统的政治经济学与现代西方经济学的理论体系和科学方法,分析中国的政治与经济、国家与市场、社会与个人之间的关系,阐述转型升级、政策选择、资源环境以及开放战略等问题,力图寻求合乎逻辑和中国实际的大国崛起之路,构建具有中国特色的政治、经济相互融合的新政治经济学分析框架。

本书由上海大学经济学院、上海大学智库产业研究中心的

后 记

相关专业人员撰写。聂永有、殷凤负责整体策划和组织协调工作，撰稿者有聂永有、殷凤、詹宇波、刘康兵、尹应凯、王学斌、陆莹莹、赵玥炜、王佳华；李武、何丰老师也参与了前期策划；全书由聂永有、陆莹莹负责统稿。

上海大学党委副书记、副校长、上海大学智库产业研究中心主任徐旭教授对本书写作给予了热情的关心和帮助，并为本书撰写了序言，在此我们向徐旭教授表示由衷的感谢。我们还要特别感谢本书的责任编辑何朝霞编审，她为本书的出版做了大量出色的工作，从选题策划到内容的确定，从书名的选定到审稿，每一个环节，都凝聚着何朝霞老师大量的心血。感谢所有为本书写作和出版提供各种帮助的朋友们。

在本书的撰写过程中，我们阅读了大量的相关书籍和资料，参阅和借鉴了大量国内外同行的研究成果。可以说，本书的出版，是许多专家、学者多年研究成果的集中体现。由于资料来源的不同，有些引用和借鉴的资料我们在书后参考文献中列出，但也有一部分资料由于各种原因，没能全部标明。在此，我们向这些被引用资料的作者表示由衷的敬意，向他们致歉并表示谢意。

主要参考文献

第一章

[1] 中国中央电视台《大国崛起》节目组：《大国崛起》系列丛书，中国民主法制出版社，2014年。

[2] 唐晋：《大国崛起》，人民出版社2007年版。

[3] 毛泽东：《毛泽东选集（第二卷）》，人民出版社，1991年。

[4] 陈独秀：《独秀文存》，安徽人民出版社，1987年。

[5] 中共中央党校教务部：《十一届三中全会以来党和国家重要文献选编》，中共中央党校出版社，2008年。

[6] 基辛格：《世界秩序》，中信出版社，2015年。

[7] 张剑荆：《中国崛起：通向大国之路的中国策》，新华出版社，2005年。

[8] 章征科：《"中国近现代史纲要"专题研究》，安徽师范大学出版社，2014年。

[9] 张程、陈娇娇、李树喜：《东方帝国》，中央编译出版

主要参考文献

社，2007年。

[10] 胡鞍钢：《试读中国2020：一个新型超级大国》，浙江人民出版社，2012年。

[11] 张凯：《浅论英国崛起及其启示》，《湖北行政学院学报》，2008年第6期。

第二章

[1] 国务院新闻办公室、中央文献研究室、中国外文局：《习近平谈治国理政》，外文出版社，2014年。

[2] 王学海：《到日本买感冒药是中国药企的耻辱》，2016年1月31日。http://news.sohu.com/20160131/n436429923.shtml

[3] [英] 凯恩斯：《就业、利息与货币讨论》，商务印书馆，2005年。

[4] [美] 罗伯特·平狄克、丹尼尔·鲁宾费尔德：《微观经济学》，中国人民大学出版社，2013年。

[5] 尹伯成、尹峰、刘康兵、赵红军：《西方经济学说史：从市场经济视角的考察》，复旦大学出版社，2012年。

[6] 尹伯成：《经济学基础知识读本》，中国人民大学出版社，2015年。

[7] 尹伯成：《西方经济学简明教程》（第八版），格致出

版社，2013年。

第三章

[1] 国务院新闻办公室、中央文献研究室、中国外文局：《习近平谈治国理政》，外文出版社，2014年。

[2] 伍伯麟：《中国市场化改革20年》，山西经济出版社，1999年。

[3] [英] 亚当·斯密：《国民财富的性质和原因的研究》，商务印书馆，1972年。

[4] 尹伯成、尹峰、刘康兵、赵红军：《西方经济学说史：从市场经济视角的考察》，复旦大学出版社，2012年。

[5] 尹伯成：《经济学基础知识读本》，中国人民大学出版社，2015年。

[6] 尹伯成：《西方经济学简明教程》（第八版），格致出版社，2013年。

第四章

[1] 纪录片《华尔街》主创团队：《华尔街》，中国商业出版社，2011年。

[2] 蒋升阳：《尤权：把创新贯穿于供给侧结构性改革全

过程》,《人民日报》2016年3月8日。

［3］金东寒：《高校应加强创新创业教育》，在上海市大学生第四届创新创业论坛上的主旨演讲，2015。

［4］李俊霞：《科技与金融合作的国际比较及启示》，《宏观经济管理》，2013年第5期。

［5］王昌林、姜江、盛朝讯、韩祺：《大国崛起与科技创新——英国、德国、美国和日本的经验与启示》，《全球化》，2015年第9期。

［6］洪银兴：《以创新的理论构建中国特色社会主义政治经济学的理论体系》，《经济研究》，2016年第4期。

［7］闫彦明：《全球科创中心的前沿在哪里》，《解放日报》，2015年5月12日。

［8］尹伯成：《西方经济学说史——从市场经济视角的考察（第二版）》，复旦大学出版社，2012年。

［9］张杰：《创新引领未来》，在上海交通大学研究生毕业典礼上的演讲，2016。

第五章

［1］邓淑华：《发展创新型产业集群促进产业升级转型》，《中国高新技术产业导报》，2012年2月13日。

[2] 干春晖：《中国产业结构变迁对经济增长和波动的影响》，《经济研究》，2011年第5期。

[3] 国务院办公厅：《国务院关于中西部地区承接产业转移的指导意见》，2010年 http://www.gov.cn/zwgk/2010—09/06/content_1696516.htm

[4] 江飞涛、李晓萍：《中国产业政策取向应做重大调整》，《东方早报·上海经济评论》，2012年11月14日。

[5] 金碚：《全球竞争新格局与中国产业发展趋势》，《中国工业经济》，2012年第5期。

[6] 李强：《以区域创新体系建设推动中小企业创新能力发展》，《人民论坛》，2014年第2期。

[7] 李源：《我国产业结构的演进、区域差异及特征解析》，《山东师范大学学报（自然科学版）》，2007年第12期。

[8] 刘社建：《中国产业政策的演进、问题及对策》，《学术月刊》，2014年第2期。

[9] 刘志彪：《从全球价值链转向全球创新链：新常态下中国产业发展新动力》，《学术月刊》，2015年第2期。

[10] 卢锋：《当前产业政策反思》，《人民论坛》，2013年第6期。

[11] 汪云芳：《"雁行模式"的变革与中国产业发展选

择》，吉林大学硕士论文，2004。

［12］许召元：《因"类"制宜化解产能过剩》，《中国社会科学报》，2016 年 3 月 16 日。

［13］张震宇：《如何治理中国式"产能过剩"》，《学习时报》，2014 年 11 月 3 日。

［14］张辛欣：《中国制造 2025："智造、互联网＋"受青睐》，《新华每日电讯》，2015 年 3 月 26 日。

［15］詹绍菓：《现代信息服务业发展研究》，《财经问题研究》，2014 年第 2 期。

［16］赵春明、文磊：《利用竞争新优势促进我国产业价值链的升级》，《红旗文稿》，2014 年第 7 期。

［17］周叔莲：《新时期我国高增长行业的产业政策分析》，《中国工业经济》，2008 年第 9 期。

第六章

［1］［美］丹尼斯·米多斯等：《增长的极限》，四川人民出版社，1983 年。

［2］唐晓丽：《资源环境问题对中国当前经济的制约》，《现代经济信息》，2014 年第 3 期。

［3］倪天朋：《资源环境问题对中国当前经济的制约》，

《商场现代化》，2015年第7期。

［4］环境保护部：《2014年中国环境状况公报》，http://www.zhb.gov.cn/gkml/hbb/qt/201506/t20150604_302942.htm

［5］Felix Preston，Rob Bailey，Siân Bradley，魏际刚，赵昌文：《引领新常态：中国与全球资源治理》https://www.chathamhouse.org/publication/navigating-new-normal-china-and-global-resource-governance#rd?sukey=014c68f407f2d3e175af7c28324244042afe10f1edad683326122117dca721e0e316667f4c12dfa5aa646433043063fa

第七章

［1］顾大伟：《发改委：中国已从政策性优惠转向体制性开放》，2015年12月16日 http://politics.people.com.cn/n1/2015/1216/c70731-27933493.html

［2］刘志彪.郑江淮：《价值链上的中国：长三角选择性开放新战略》，中国人民大学出版社，2012年。

［3］剧锦文：《"一带一路"战略的意义、机遇与挑战》，2015年4月2日 http://theory.people.com.cn/n/2015/0402/c40531-26788600.html

主要参考文献

[4]《蒙元时期丝绸之路贸易初探》,新疆哲学社会科学网,2010－08－05日。http://www.xjass.com/ls/content/2010－08/05/content_160260.htm.

[5] 人民网评《亚投行成立的三重意义》,2016年1月19日 http://news.xinhuanet.com/fortune/2016－01/19/c_128644346.htm,

[6]《"十三五":迈向扩大开放的新阶段》,2015年12月10日 http://www.dss.gov.cn/News_wenzhang.asp?ArticleID=378917

第八章

[1][美]巴罗、萨拉－伊－马丁:《经济增长》,格致出版社,2010年。

[2] 陈刚:《腐败与收入不平等——来自中国的经验证据》,《南开经济研究》,2011年第10期。

[3] 丁述军:《绿色GDP核算:障碍与对策》,《上海经济研究》,2009年第9期。

[4] 龚建明:《亟需新GDP统计方式》,《人民论坛》,2014年第3期。

[5] 郭晓丹:《中国可再生能源政策的区域解构、有效性

与改进》,《经济社会体制比较》,2014年第11期。

[6] 李虹:《中国可再生能源发展综合评价与结构优化研究》,《资源科学》,2011年第3期。

[7] 李庆华:《中国环境污染与经济增长关系的实证分析》,《资源开发与市场》,2011年第2期。

[8] 李子联:《收入不平等的成因:从思想演变到现实描述》,《社会科学》,2013年第3期。

[9] 刘伟、蔡志洲:《中国经济增长的国际比较》,《经济纵横》,2013年第1期。

[10] 刘志强:《贯彻"五大发展理念",实现百年奋斗目标》,《人民日报》,2015年10月30日。

[11] 任理轩:《坚持共享发展——"五大发展理念"解读之五》,《人民日报》,2015年12月24日。

[12] 孙月平:《在转变经济发展方式中提升社会福祉》,《现代经济探讨》,2007年第8期。

[13] 王飞成:《经济增长对环境污染的影响及区域性差异——基于省际动态面板数据模型的研究》,《山西财经大学学报》,2014年第4期。

[14] 王洪亮:《收入不平等对经济增长影响的实证研究》,《经济问题》,2012年第4期。

[15] 王永瑜:《绿色 GDP 核算理论与方法研究》,《统计研究》,2010 年第 11 期。

[16] 吴敬琏:《改革不能回避七个问题》,《领导文萃》,2014 年第 11 期。

[17] 徐冰:《反腐败会对经济产生怎样的影响》,《中国青年报》,2014 年 8 月 13 日。

[18] 张丰清:《如何正确理解共享发展理念》,《羊城晚报》,2015 年 11 月 24 日。

[19] 中国国家统计局:《2014 年国民经济和社会发展统计公报》,2015 年,http://www.stats.gov.cn/tjsj/zxfb/201502/t20150226_685799.html

[20] 中国国家统计局:《2015 年国民经济和社会发展统计公报》,2016 年,http://www.gov.cn/xinwen/2016－02/29/content_5047274.htm